Campos de C
The Landscape of

CAMPOS DE CASTILLA
THE LANDSCAPE OF CASTILE

ANTONIO MACHADO

Translated by
MARY G. BERG & DENNIS MALONEY

WHITE PINE PRESS   BUFFALO, NEW YORK

Publication of this book was made possible, in part, with public funds from the New
York State Council on the Arts, a State Agency, and by a grant from the National
Endowment for the Arts, which believes that a great nation deserves great art.

NATIONAL
ENDOWMENT
FOR THE ARTS

Printed and bound in the United States of America.

First Edition

Cover image: Used by permission of Van Gogh Museum (Vincent van Gogh
Foundation), Amsterdam. Vincent van Gogh (1853–1890), "The Sower." Arles, 1888,
oil on canvas, 32 x 40 cm.

ISBN 1-893996-26-3

Library of Congress Control Number: 2004109160

Published by
White Pine Press
P.O. Box 236
Buffalo, New York 14201
www.whitepine.org

Contents

INTRODUCTION

ANTONIO MACHADO (1875-1939) is one of twentieth century Spain's most beloved and most highly revered poets. He is a poet of solitude and landscape, of precise immediate images and larger national (and human) concerns. Preoccupied with time and the relationship between interior and exterior realities, he writes with simultaneous simplicity and depth that resonate on many levels.

The first version of *The Landscape of Castile* was published in 1912, when Machado was thirty-six. In the 1917 edition, he doubled the number of poems, and it is this fuller collection that has been reprinted ever since and which is translated into English in its entirety for the first time here. Many of the well-known poems have been translated into English repeatedly over the years, but the complete *The Landscape of Castile* as Antonio Machado assembled it tells a story of its own and offers insight into Machado's poetic world of that particular era.

Machado and his writer friends—Miguel de Unamuno, Juan Ramón Jiménez, José Martínez Ruíz (Azorín), José Ortega y Gasset, and others—who are collectively often known as the Generation of 1898, believed that the essential character of Spain could be preserved while the country underwent much needed reforms. Many of them, including Antonio Machado and his brother, Manuel Machado, were educated at Francisco Giner de los Ríos' celebrated school in Madrid, the Institución Libre de Enseñanza [Free Institution of Learning], a liberal coeducational school which emphasized participatory learning, new ideas, ethics, free thought, critical thinking, austerity, and personal interaction with nature and culture, in contrast to traditional Spanish schools which prioritized formal religion and rote memorization. In his 1915 obituary tribute, Machado would remember his teacher with deep fondness as a man who enabled a generation of young Spaniards to believe in moral and ethical ideals and in the possibility of positive change for the nation. The poet calls for Giner to be buried in the Guadarrama mountains, where the teacher and his students often went on excursions, to illustrate and emphasize that man is an integral part of nature. Machado exhorts:

> ...Yes friends, carry
> his body to the mountains,
> to the blue peaks
> of broad Guadarrama.
> There in the deep ravines
> where wind sings through green pines,
> his heart can rest
> under a plain oak
>
> ...
>
> There, the master dreamed that one day
> Spain would blossom again.

> ("To Don Francisco Giner de los Ríos")

Antonio Machado was born in the Andalusian city of Seville, in southern Spain, on July 26, 1875 and in the poem that opens *The Landscape of Castile,* he would recall images of his early years:

> My childhood is memories of a patio in Seville
> and a sunny orchard where lemons ripen.

> ("Portrait")

Machado was the second of six children of Ana Ruíz and Antonio Machado y Álvarez, a scholar of folklore, whose appreciation of tra-

12

ditional songs and ballads would be important to his sons. Machado's older brother Manuel, born in 1874, would be a life-long close friend and fellow poet. The whole family moved to Madrid when Machado was eight, when his grandfather, Antonio Machado y Nuñez, was appointed professor of natural history at the university in the capital. Antonio and Manuel attended the Institución Libre de Enseñanza, where they thrived on a stimulating curriculum, lively companions, and field trips to the nearby mountains, recalled by Machado in 1911:

> Is that you, Guadarrama, old friend
> gray and white mountain range
> of my Madrid afternoons, mountain range
> I used to see painted on the blue sky.

("Is that you...")

Giner de los Ríos' ideas, many of them based on the writings of the German philosopher Karl Christian Friedrich Krause (1781–1832), may have helped to form Machado's sense, so evident in *The Landscape of Castile*, of interrelationship between self and landscape, between interior and exterior worlds. He would write throughout his life about the Castilian landscape, the heartland of Spain that he knew so well.

Machado completed his courses at the Institución Libre in 1889 and went on to study at various institutes and by reading on his own at the National Library. He was interested in acting, and began to write, publishing satirical sketches in a new journal in Madrid. In 1899, he joined his brother Manuel in Paris and worked as a translator for the Garnier publishing house for a few months. His first published poems appeared in the magazine *Electra* in 1901. After an interval in Madrid, he visited Paris again in 1902, where he met the Nicaraguan modernist poet, Rubén Darío, who would become a very important friend (see the 1904 "To the Master Rubén Darío") and whose death he would mourn in 1916 ("On the death of Rubén Darío"). Machado's first volume of poetry, *Soledades*, was published in 1903 and well reviewed by poets Juan Ramón Jiménez and Miguel de Unamuno. Unamuno advised him to turn to his Spanish roots and move beyond imitative Symbolism, cultivated decadence, narcissistic art for art's sake, and lyrical echoes of the French 16th century poet Ronsard and others. "Leave the French in peace," Unamuno exhorted. Machado became more sure of his own voice, and by the time he began to write the poems of *The Landscape of Castile*, he would confess:

> I adore beauty and following modern aesthetics;
> I've cut old roses from Ronsard's garden,
> > but I hate being fashionable
> and am no bird strutting the latest style.
> ...
>
> I stop to separate the voices from the echoes,
> and I listen among the voices to only one.

> ("Portrait")

Machado prepared to compete for a position as a high school teacher of French, and in 1907, he was appointed to an institute in the Castilian city of Soria, on the Duero river, a town of some seven thousand inhabitants located 140 miles northeast of Madrid. It was the first of many teaching positions he would hold, and he was pleased to be conventionally employed, after years of dabbling in writing and acting; as he says in "Portrait":

> I work, paying with what I've earned
> for the clothes on my back, the house I live in,
> the bread that sustains me, and the bed where I lie.

In Soria, he lived in a boarding house, and moved to another in early 1908 that was run by Ceferino Izquierdo and his wife, who had three children, including an elder daughter, Leonor, who was then thirteen. In his leisure time, Machado explored the Soria region on foot and wrote of the landscape and of the people living there, as in many of the poems included here. Often he was accompanied by a close friend, a journalist and newspaper editor, José María Palacio. He began to fall in love with Leonor, writing at first with uncertainty about whether she could care for him, as in "By Train," where he writes of watching the other travelers, seeing a young nun and thinking ruefully of Leonor:

> ...you are light, and only light...
> All beautiful women
> must have been like you, young women
> closed into a convent!...
> And the girl I love,
> alas, might prefer to marry
> some young barber!

He writes of loneliness, of shifting, uncertain emotions reflected in landscape and seasonal changes, and of love, as when he celebrates the coming of spring with its rush of joyous fertility in "Easter of Resurrection":

> Look: the arc of life traces
> a rainbow on the greening fields.
> Seek your loves, young ladies,
> where the spring emerges from rock.
> Where water laughs and dreams and flows,
> that's where the love's ballad is sung.

Leonor Izquierdo and Antonio Machado were married on July 30, 1909, when she was fifteen, and after a summer honeymoon in northeastern Spain, they returned to Soria for the new school year. Machado, deeply troubled by political divides and hostilities in Spain, wrote melancholy prose and poetry about the forlorn backwardness of rural Castile, extreme in climate in contrast to the more temperate Extremadura to the west.

Cold Soria, *clear Soria*
*headland of Extremadura,**
with your warlike castle ruins,
above the Duero river,
with your crumbling walls
and blackened houses!

Dead city of knights,
soldiers and hunters;
gates emblazoned
with the shields
of a hundred noble families,
and of hungry greyhounds
that breed quickly
in filthy alleys
and howl at midnight
when the crows caw!

("The Landscape of Soria")

Over and over again Machado dwells on menacing images of decay and disrepair, and his concern that Spain is failing to progress, failing in its responsibilities to its people. He is critical of all Spaniards, rich and poor alike, who accept poverty and nationwide decline with no effort to change. His references include images of primitive, belligerent centaurs and of Cain, Biblical Adam's eldest son who slew his brother Abel, and of military symbols, of battlefields looming amidst the ruins of centuries past. He writes of heartache as he walks along the Duero river reflecting with deep sadness:

The Duero cuts across the oaken heart
of Iberia and Castile.
Oh, sad and noble land,
land of high plains, barren and rocky expanses,

*Words from the coat of arms, the shield of Soria.

of unplowed fields without shade or springs,
of crumbling cities, and roads without inns,
of country bumpkins who cannot sing or dance,
who abandon their dying hearth fires
the way your long rivers, Castile, flow toward the sea.
Wretched Castile, once supreme,
now wrapped in rags, haughty in her ignorance.
Does she sleep, wait or dream? Does she remember
the spilled blood, the thirst of the sword?

He recalls the great heroes and poets of Spain's glorious past, including the lyrical 13th century priest Gonzalo de Berceo (in "My Poets"), the 12th c. epic ballad that tells of Rodrigo Díaz de Vivar, the noble Cid [leader] who fought against the Moors and gave the kingdom of Valencia to King Alfonso of Castile, and the Castile of Narciso Alonso Cortés (1875-1972) who, in addition to poetry, wrote about traditional Spanish ballads. Other poems celebrate great Spaniards in literature: Don Quixote and Sancho Panza (Miguel de Cervantes, *Don Quixote*); Calixto and Melibea (Fernando de Rojas, *La Celestina*); characters from Lope de Vega plays, and Juan Ruíz' *The Book of Good Love*. Tributes and dialogues with admired fellow poets are also included, interwoven with Machado's concerns for the nation as exemplified by Castile:

Castile, no longer the generous state of old
when Rodrigo of Vivar, el Cid, rode triumphant,
returning with new fortune and opulence
to give Alfonso the gardens of Valencia;
or those whose courage brought them fame,
who begged the Crown, mother of the soldiers,
to conquer the enormous Indian rivers,
warriors who battled like lions
or swooped down like crows to plunder silver and gold
and bring home galleons groaning with the load.

Over and over again, Machado confronts the anguish that characterizes the Generation of 1898: the national malaise suffered by Spain during a troubled time, and after the loss of its last major colonies—Cuba, Puerto Rico, the Philippines and Guam—in the Spanish American War. The "galleons groaning with the load" of gold from the colonies had long since ceased to bring prosperity to the Spanish economy. But the Spanish mindset needs to confront realities and change. Machado writes in love and pain of his beloved:

> Earth, harsh and resilient, my land!
> Castile, your crumbling towns!
> The aching melancholy
> that fills your shady solitude.
> ...
>
> Castile of grief and war,
> immortal land, Castile of death!

("The Banks of the Duero River")

In September 1910, Machado and some friends journeyed to the headwaters of the Duero, in the Urbión mountains, and on to the area of the Black Lagoon, a mountain lake that would figure in "The Land of Alvargonzález." He was awarded a grant to study in France for a year, and in January 1911, he and his wife went to live in Paris, where he would study at the Sorbonne with French philosopher Henri Bergson (discussed in "One Day's Poem"). Machado also worked on his poems on Soria and on a prose version of "The Land of Alvargonzález," which appeared in 1912 in Rubén Darío's journal *Mundial*, published in Paris. On July 14, Leonor vomited blood and was diagnosed with tuberculosis. As soon as she was well enough to travel, they returned to Soria, where Machado cared for her as she became weaker. In "To a Dry Elm," dated May 1912, he wrote of an old elm by the Church of Our Lady of the Espino above Soria that looked out over the Duero river, and the pleasure and hope of watching the tree come to life in the spring:

> My heart also waits in hope,
> turned toward light and life,
> for another miracle of spring.

Leonor died August 1, 1912, at age eighteen and was buried close
to the elm tree. Machado left Soria as soon as he could and found
a teaching position that autumn in Baeza, in Andalusia, where he
continued to write of Soria and of his love and grief. In "A José
María Palacio," he recalls the landscape of Soria, remembers the
Moncayo peak fondly, and the joys of spring, thinking of Leonor
in the Espino cemetery, and asking his friend:

> Do the old elms
> have a few new leaves?
> The acacias must still be bare,
> the sierra peaks snowy.
> Oh, massive Moncayo, white and pink,
> beautiful against the sky of Aragon!
> ...
>
> When the first lilies open
> and the first roses are in the garden,
> climb to Espino on a blue afternoon.
> High on Espino, where her land is...

Grief is woven into many of the poems written in Baeza, remem-
bering Soria, as he fantasizes about going for a walk along the river
with Leonor, living in memory with his beloved, lonely in her
absence:

> Leonor, don't you see the poplars by the river
> with their stiff branches?
> Look at Moncayo, so blue and white; give me
> your hand, let's walk.

Through the fields of my homeland,
embroidered with dusty olive trees,
I walk alone,
sad, pensive, tired and old.

("There in the high plain")

In "I dreamed you were leading me...," she is real in his dream. In
"One summer night..." and "Lord, you've already torn from me
what I loved most..." he rails against death and its devastation, and
often, as in "With the melting snow...," he speaks of how, in the
spring, he thinks of her, with hope as well as grief:

With flowering plum tree and green field,
with the gauzy mist of the shore
caught in the branches,
with the first whitening blackberries,
with this soft wind
that triumphs over death and stone,
this bitterness suffocating me flows out
in hope of Her...

In his introduction to the 1917 edition of the complete text of *The
Landscape of Castile*, Machado would reflect:

Five years in the landscape of Soria, which today I
hold sacred, focused my eyes and my heart on the
essence of Castile. It was there that I married, and
there that I lost my wife, whom I adored.... And it
seemed to me that the poet's mission is to invent
new poems of the human eternal, lively stories
that, while being the poet's own, nevertheless take
on life of their own. The ballad seemed to me to be
the supreme expression of poetry, and I yearned to
write a new *Romancero* [collection of ballads]. "The
Landscape of Alvargonzález" is a response to this

desire...but my ballads did not emanate from heroic deeds but from the common people who composed them and from the land where they were sung; my ballads reflect the basic elements of humanity, the Castilian landscape, and Moses' First Book, called Genesis.

You'll find that many of the poems don't fit into these premises I'm announcing. Many of them are responses to concerns about our nation and others stem from a simple love of Nature, far more important to me than a love of Art. And finally, some of them testify to the many hours of my life I've spent—some would say wasted—meditating about the enigmas of humankind and the world.

Increasingly, Machado turned to philosophy, mulling over the premises of Miguel de Unamuno, Immanuel Kant, and Henri Bergson in "One Day's Poem," combining these reflections with acute, precise descriptions of everyday conversations among farmers in Baeza, as they chat about politics and the weather. Machado wrote of feeling for a long time like an outsider in Andalusia, despite having been born there. He continued to write many poems about Castile, as well as explorations of other topics. He was interested in the extent to which there is no "landscape" without a human observer who selects and interprets, relating what he perceives to his own experience, relaying this experience in words. Machado explores many layers of this relationship. Human beings describe the landscape they perceive, but landscape shapes and modifies its observers as well, and it is this active interchange that engages the poet.

Antonio Machado's five years in Soria, the happiest and the saddest time in his life, are the heart of *The Landscape of Castile*. When the town of Soria named him an honorary citizen, an *hijo adoptivo de Soria*, in 1932, he wrote to the townspeople that:

Soria owes me nothing, and if it were to owe me

something, it would be very little compared to what I owe it: it was there that learned to experience Castile, which is the best and most direct way to experience Spain.

(Oreste Macri, ed., *Antonio Machado II Prosas completas*. Madrid: 1988, p. 1800)

After the expanded version of *The Landscape of Castile* appeared in 1917, as part of a new *Complete Poems*, Machado continued his studies of philosophy and received an advanced degree from the University of Madrid in 1917. He moved from Baeza to an institute in Segovia in 1919, which allowed him to participate more fully in intellectual life in Madrid. His collection of *Nuevas canciones* [New Songs] was published in 1924. He and his brother Manuel wrote seven plays together which were staged in Madrid. He was elected to the Spanish Royal Academy of Language in 1927, and moved to a new teaching position in Madrid in 1931. The third expanded edition of his *Complete Poems* came out in 1933, the same year Federico García Lorca staged an adaptation of "The Land of Alvargonzález." Increasingly concerned about political matters both in Spain and in Europe, as Fascism loomed ever more menacingly in the 1930s, Machado became a spokesman for Spanish liberalism, writing under the byline of "Juan de Mairena." He wrote love poems and letters to "Guiomar," Pilar Valderrama, the great love of his later years, and he published several more books before the outbreak of the Spanish Civil War (1936-39). Machado, with his mother and his brother José and family, were evacuated to the town of Rocafort, near Valencia. *La guerra* [The War], published in 1937, collected prose and poetry of 1936-37 and was illustrated by his brother José. In January of 1939, as the war was ending with the defeat of the Republican forces, Machado and his family fled across the Pyrenees into France, where the poet died in the town of Collioure on February 22, 1939.

I have emphasized the autobiographical side of *The Landscape of Castile* here because it may be unfamiliar to the reader, but the greatness of Antonio Machado's poetry lies in its fusion of historical meditation, observation of landscape and its relation to human society, metaphysical pondering, and beauty of language. The poems collected in this volume center on the landscape of Castile as representative of the essence of Spain, in Machado's view, a Spain which is both traditional and in the process of change. Machado communicates not only personal involvement, but also an extraordinary sense of shared landscape, and of a collective history and consciousness. Through his own connection to the land, Machado reflects his deep love of the quintessential Spain, seen in the forests and bare slopes of Castile, in its poets and country people and warriors. Personal human joys and sufferings fuse with Machado's philosophical musings and his hope for Spain's positive future.

Found in his coat pocket after he died were scribbled words recalling his childhood in Seville: "These blue days and this sun of childhood," his last evocation of the landscape of memory.

—Mary G. Berg

Campos de Castilla
The Landscape of Castile

Retrato

Mi infancia son recuerdos de un patio de Sevilla,
y un huerto claro donde madura el limonero;
mi juventud, veinte años en tierra de Castilla;
mi historia, algunos casos que recordar no quiero.

Ni un seductor Mañara, ni un Bradomín he sido
—ya conocéis mi torpe aliño indumentario—,
mas recibí la flecha que me asignó Cupido,
y amé cuanto ellas pueden tener de hospitalario.

Hay en mis venas gotas de sangre jacobina,
pero mi verso brota de manantial sereno;
y, más que un hombre al uso que sabe su doctrina,
soy, en el buen sentido de la palabra, bueno.

Adoro la hermosura, y en la moderna estética
corté las viejas rosas del huerto de Ronsard;
mas no amo los afeites de la actual cosmética
ni soy un ave de esas del nuevo gay-trinar.

Desdeño las romanzas de los tenores huecos
y el coro de los grillos que cantan a la luna.
A distinguir me paro las voces de los ecos,
y escucho solamente, entre las voces, una.

¿Soy clásico o romántico? No sé. Dejar quisiera
mi verso, como deja el capitán su espada:
famosa por la mano viril que la blandiera,
no por el docto oficio del forjador preciada.

Converso con el hombre que siempre va conmigo
—quien habla solo espera hablar a Dios un día—;
mi soliloquio es plática con este buen amigo
que me enseñó el secreto de la filantropía.

Portrait

My childhood is memories of a patio in Seville
and a sunny orchard where lemons ripen;
my youth, twenty years on the soil of Castile;
my story, a few events just as well forgotten.

I was never a great seducer or Don Juan
—that is apparent by my shabby dress—
but I was struck by the arrow Cupid aimed at me
and loved whenever I was welcomed.

Despite the Jacobin blood in my veins,
my poems bubble up from a calm spring,
and more than a man who lives by rules
I am, in the best sense of the word, good.

I adore beauty and following modern aesthetics,
I've cut old roses from Ronsard's garden,
but I hate being fashionable
and am no bird strutting the latest style.

I shun the shallow tenors' ballads
and the chorus of crickets singing at the moon;
I stop to separate the voices from the echoes,
and I listen among the voices to only one.

Am I classical or romantic? I don't know. I want
to leave my poetry as the captain leaves his sword:
remembered for the virile hand that gripped it,
not for the hallmark of its maker.

I converse with the man who is always with me,
—he who talks to himself hopes to talk to God someday—
my soliloquy is a discussion with this friend,
who taught me the secret of loving others.

Y al cabo, nada os debo; debéisme cuanto he escrito.
A mi trabajo acudo, con mi dinero pago
el traje que me cubre y la mansión que habito,
el pan que me alimenta y el lecho en donde yago.

Y cuando llegue el día del último viaje,
y esté al partir la nave que nunca ha de tornar,
me encontraréis a bordo ligero de equipaje,
casi desnudo, como los hijos de la mar.

In the end I owe you nothing; you owe me all I've written.
I work, paying with what I've earned
for the clothes on my back, the house I live in,
the bread that sustains me, and the bed where I lie.

And when the day arrives for the final voyage
and the ship of no return is set to sail,
you'll find me aboard, traveling light,
almost naked, like the children of the sea.

A orillas del Duero

Mediaba el mes de julio. Era un hermoso día.
Yo, solo, por las quiebras del pedregal subía,
buscando los recodos de sombra, lentamente.
A trechos me paraba para enjugar mi frente
y dar algún respiro al pecho jadeante;
o bien, ahincando el paso, el cuerpo hacia adelante
y hacia la mano diestra vencido y apoyado
en un bastón, a guisa de pastoril cayado,
trepaba por los cerros que habitan las rapaces
aves de altura, hollando las hierbas montaraces
de fuerte olor—romero, tomillo, salvia, espliego—.
Sobre los agrios campos caía un sol de fuego.

Un buitre de anchas alas con majestuoso vuelo
cruzaba solitario el puro azul del cielo.
Yo divisaba, lejos, un monte alto y agudo,
y una redonda loma cual recamado escudo,
y cárdenos alcores sobre la parda tierra
—harapos esparcidos de un viejo arnés de guerra—,
las serrezuelas calvas por donde tuerce el Duero
para formar la corva ballesta de un arquero
en torno a Soria.—Soria es una barbacana,
hacia Aragón, que tiene la torre castellana—.
Veía el horizonte cerrado por colinas
obscuras, coronadas de robles y de encinas;
desnudos peñascales, algún humilde prado
donde el merino pace y el toro, arrodillado
sobre la hierba, rumia; las márgenes del río
lucir sus verdes álamos al claro sol de estío,
y, silenciosamente, lejanos pasajeros,
¡tan diminutos!—carros, jinetes y arrieros—
cruzar el largo puente, y bajo las arcadas
de piedra ensombrecerse las aguas plateadas
del Duero.

Along the Banks of the Duero River

It was the middle of July and a beautiful day.
Alone, I climbed up, along cracks in the rocks,
making my way slowly, seeking pockets of shade.
Occasionally I paused to wipe sweat from my face,
and give my throbbing chest a rest
or, slowing the pace, shifted my body forward
onto my right hand, exhausted and leaning
on my walking stick like a shepherd on his crook.
I scaled the hills among birds
of prey. I trampled on pungent mountain herbs,
rosemary, sage, lavender, and thyme.
A fiery sun beat down on the unfertile fields.

Wings outspread, a vulture was crossing
alone against a pure blue sky.
In the distance I made out a sharp peak,
a round hill resembling an embroidered shield,
and scarlet indentations scattered over brown earth
like scraps of ancient armor strewn about,
the stubby bald mountains which make the Duero
twist to form its crossbow curve
around Soria. Soria, center of power,
linked to Aragon by its jagged mountain ridge.
I saw the horizon enclosed by dark hills
with groves of oak clustered at the rim,
bare cliffs, and some meager fields
with sheep grazing or a bull kneeling to ruminate
in the grass. The bright summer sun
shines on green poplars bordering the river
and silently, some far-off travelers
so small! —wagons, horsemen, mule drivers—
crossing the long bridge and the silvery waters
of the Duero flowing in the shadows
under the low stone arches.

El Duero cruza el corazón de roble
de Iberia y de Castilla.

        ¡Oh, tierra triste y noble,
la de los altos llanos y yermos y roquedas,
de campos sin arados, regatos ni arboledas;
decrépitas ciudades, caminos sin mesones,
y atónitos palurdos sin danzas ni canciones
que aún van, abandonando el mortecino hogar,
como tus largos ríos, Castilla, hacia la mar!

Castilla miserable, ayer dominadora,
envuelta en sus andrajos desprecia cuanto ignora.
¿Espera, duerme o sueña? ¿La sangre derramada
recuerda, cuando tuvo la fiebre de la espada?
Todo se mueve, fluye, discurre, corre o gira;
cambian la mar y el monte y el ojo que los mira.
¿Pasó? Sobre sus campos aún el fantasma yerra
de un pueblo que ponía a Dios sobre la guerra.

La madre en otro tiempo fecunda en capitanes
madrastra es hoy apenas de humildes ganapanes.
Castilla no es aquella tan generosa un día,
cuando Myo Cid Rodrigo el de Vivar volvía,
ufano de su nueva fortuna y su opulencia,
a regalar a Alfonso los huertos de Valencia;
o que, tras la aventura que acreditó sus bríos,
pedía la conquista de los inmensos ríos
indianos a la corte, la madre de soldados,
guerreros y adalides que han de tornar, cargados
de plata y oro, a España, en regios galeones,
para la presa cuervos, para la lid leones.
Filósofos nutridos de sopa de convento
contemplan impasibles el amplio firmamento;

The Duero cuts across the oaken heart
of Iberia and Castile.
                              Oh sad and noble land,
land of high plains, barren and rocky expanses,
of unplowed fields without shade or springs,
of crumbling cities, and roads without inns,
country bumpkins who cannot sing or dance,
who abandon their dying hearth fires
the way your long rivers, Castile, flow toward the sea.

Wretched Castile, once supreme,
now wrapped in rags, haughty in her ignorance.
Does she sleep, wait or dream? Does she remember
the spilled blood, the thirst of the sword?
Everything flows, moves on, wanders, traverses or turns,
changing the sea and the hills and the very eye that sees them.
Is it gone? Over the fields walks the ghost
of a people who fought for the glory of God.

The once fertile mother of captains
is now barely a stepmother of humble laborers.
Castile, no longer the generous state of old
when Rodrigo of Vivar, el Cid, rode triumphant,
returning with a new fortune and opulence
to give Alfonso the gardens of Valencia;
or those whose courage brought them fame,
who begged the Crown, mother of the soldiers,
to conquer the enormous Indian rivers,
warriors who battled like lions
or swooped down like crows to plunder silver and gold
and bring home galleons groaning with the load.
Philosophers nourished on convent scraps
impassively contemplate the endless sky,

y si les llega en sueños, como un rumor distante,
clamor de mercaderes de muelles de Levante,
no acudirán siquiera a preguntar ¿qué pasa?
Y ya la guerra ha abierto las puertas de su casa.

Castilla miserable, ayer dominadora,
envuelta en sus harapos desprecia cuanto ignora.

El sol va declinando. De la ciudad lejana
me llega un armonioso tañido de campana
—ya irán a su rosario las enlutadas viejas—.
De entre las peñas salen dos lindas comadrejas;
me miran y se alejan, huyendo, y aparecen
de nuevo ¡tan curiosas!... Los campos se obscurecen.
Hacia el camino blanco está el mesón abierto
al campo ensombrecido y al pedregal desierto.

and in their dreams they hear
the distant clamor of merchants on Eastern docks,
will they even ask what's happening
with war already knocking at the door?

Wretched Castile, once supreme
now wrapped in rags, haughty in her ignorance.

The sun is setting. A harmonious tolling of bells
reaches me from the distant city,
time for old women in black to intone their rosaries.
Two weasels slip out from the rocks,
catch sight of me, run off, then
reappear, so curious...fields darken.
Along the white road an open inn
faces dusky fields and desolate wasteland.

Por tierras de España

El hombre de estos campos que incendia los pinares
y su despojo aguarda como botín de guerra,
antaño hubo raído los negros encinares,
talado los robustos robledos de la sierra.

Hoy ve sus pobres hijos huyendo de sus lares;
la tempestad llevarse los limos de la tierra
por los sagrados ríos hacia los anchos mares;
y en páramos malditos trabaja, sufre y yerra.

Es hijo de una estirpe de rudos caminantes,
pastores que conducen sus hordas de merinos
a Extremadura fértil, rebaños trashumantes
que mancha el polvo y dora el sol de los caminos.

Pequeño, ágil, sufrido, los ojos de hombre astuto,
hundidos, recelosos, movibles; y trazadas
cual arco de ballesta, en el semblante enjuto
de pómulos salientes, las cejas muy pobladas.

Abunda el hombre malo del campo y de la aldea,
capaz de insanos vicios y crímenes bestiales,
que bajo el pardo sayo esconde un alma fea,
esclava de los siete pecados capitales.

Los ojos siempre turbios de envidia o de tristez,
guarda su presa y llora la que el vecino alcanza;
ni para su infortunio ni goza su riqueza;
le hieren y acongojan fortuna y malandanza.

El numen de estos campos es sanguinario y fiero;
al declinar la tarde, sobre el remoto alcor,
veréis agigantarse la forma de un arquero,
la forma de un inmenso centauro flechador.

Across the Land of Spain

The man of this country who torches pine forests
and waits for his plunder as spoils of war
long ago razed the live-oak groves,
and felled the great oaks of the mountains.

Today he sees his poor sons flee their homes,
storms carry away the soil of the earth
along sacred rivers to the wide seas,
and on the cursed plateau, he suffers and works.

He belongs to a line of rugged travelers,
shepherds who led their sheep
to fertile Extremadura, nomadic flocks
darkened by the dust and gilded by the the sun of the road.

Small, nimble, an expression of long suffering
on his high-cheekboned face, the eyes of a cunning man—
sunken, suspicious—dart from beneath bushy eyebrows
traced on his face like a crossbow's arch.

There is many a bad man of country and village
capable of insane vices and bestial crimes,
whose brown cloak hides an ugly soul,
who is slave to the seven deadly sins.

His eyes are always cloudy with envy or sorrow,
he guards his own prey and covets his neighbor's.
He neither fights his poverty nor enjoys his wealth;
he's wounded and grieved by both fortune and misery

The god of these lands is bloodthirsty and cruel;
as the afternoon fades over a distant hill
you will see the form of an archer loom,
the image of a giant centaur with a bow.

Veréis llanuras bélicas y páramos de asceta
—no fue por estos campos el bíblico jardín—;
son tierras para el águila, un trozo de planeta
por donde cruza errante la sombra de Caín.

El hospicio

Es el hospicio, el viejo hospicio provinciano,
el caserón ruinoso de ennegrecidas tejas
en donde los vencejos anidan en verano
y graznan en las noches de invierno las cornejas.

Con su frontón al Norte, entre los dos torreones
de antigua fortaleza, el sórdido edificio
dc grietados muros y sucios paredones,
es un rincón de sombra eterna. ¡El viejo hospicio!

Mientras el sol de enero su débil luz envía,
su triste luz velada sobre los campos yermos,
a un ventanuco asoman, al declinar el día,
algunos rostros pálidos, atónitos y enfermos,

a contemplar los montes azules de la sierra;
o, de los cielos blancos, como sobre una fosa,
caer la blanca nieve sobre la fría tierra,
¡sobre la tierra fría la nieve silenciosa!...

You will see the plains of war and the plateaus of hermits
—the biblical garden was not of these lands—
this is the country of the eagle, a piece of the planet
crossed by the wandering shadow of Cain.

The Poorhouse

It is the poorhouse, the old provincial poorhouse,
huge hulking ruin with blackened tiles
where swifts nest in summer
and crows caw through winter nights.

Its northern gable set between two
ancient fortress turrets, this squalid building
with cracked and grimy walls
is a corner of eternal shadow. Ancient poorhouse!

While the January sun sends out feeble light,
sad light cast over barren fields,
as day fades, some pallid faces
appear in the wretched windows, sick and bewildered.

They contemplate the blue mountain peaks
or the white snow falling on the cold earth
from the white skies as if on a grave,
onto the cold earth, the silent snow!...

El Dios ibero

Igual que el ballestero
tahur de la cantiga,
tuviera una saeta el hombre ibero
para el Señor que apedreó la espiga
y malogró los frutos otoñales,
y un "gloria a ti" para el Señor que grana
centenos y trigales
que el pan bendito le darán mañana.

"Señor de la ruina,
adoro porque aguardo y porque temo:
con mi oración se inclina
hacia la tierra un corazón blasfemo.

¡Señor, por quien arranco el pan con pena,
sé tu poder, conozco mi cadena!
¡Oh dueño de la nube del estío
que la campiña arrasa,
del seco otoño, del helar tardío,
y del bochorno que la mies abrasa!

¡Señor del iris, sobre el campo verde
donde la oveja pace,
Señor del fruto que el gusano muerde
y de la choza que el turbión deshace,

tu soplo el fuego del hogar aviva,
tu lumbre de sazón al rubio grano,
y cuaja el hueso de la verde oliva,
la noche de San Juan, tu santa mano!

¡Oh dueño de fortuna y de pobreza,
ventura y malandanza,
que al rico das favores y pereza

The Iberian God

Just like the gambler,
the archer of song,
the Iberian man would gladly shoot an arrow
at the Lord who stoned his wheat
and ruined his autumn fruit with hail
and say a "Glory to Thee" to the Lord
who grows the wheat and rye
for tomorrow's blessed bread.

"Lord of ruination,
I worship in hope and to still my fear;
with my prayer a blasphemous heart
bows to the earth.

Lord, by whose will I slave for my daily bread,
I know your power, I recognize my bonds.
Oh master of the summer cloud
that devastates the land,
of autumn drought and early frost,
and the scorching heat that burns the grain.

Lord of the rainbow arching over the green field
where sheep graze,
Lord of the worm-eaten fruit,
of the hut the whirlwind rips apart,

your breath stirs up the fire in the hearth,
your warm rays toast the grain to ripeness,
on the night of St. John your holy hand
brings forth the green olive!

Oh arbiter of plenty and want,
of misery and joy,
who grants favors and leisure to the rich,

y al pobre su fatiga y su esperanza!

¡Señor, Señor: en la voltaria rueda
del año he visto mi simiente echada,
corriendo igual albur que la moneda
del jugador en el azar sembrada!

¡Señor, hoy paternal, ayer cruento,
con doble faz de amor y de venganza,
a ti, en un dado de tahur al viento
va mi oración, blasfemia y alabanza!"

Este que insulta a Dios en los altares,
no más atento al ceño del destino,
también soñó caminos en los mares
y dijo: es Dios sobre la mar camino.

¿No es él quien puso a Dios sobre la guerra,
más allá de la suerte,
más allá de la tierra,
más allá de la mar y de la muerte?

¿No dio la encina ibera
para el fuego de Dios la buena rama,
que fue en la santa hoguera
de amor una con Dios en pura llama?

Mas hoy... ¡Qué importa un día!
Para los nuevos lares
estepas hay en la floresta umbría,
leña verde en los viejos encinares.

Aún larga patria espera
abrir al corvo arado sus besanas;

while the poor are left to toil and hope!

Lord, Lord, the seasons' turning wheel
broadcasts my seed with the same uncertainty
as any gambler's coin
given to chance.

Lord, kind today, cruel yesterday,
Lord of two faces—vengeful and loving—
just like dice tossed into the wind,
here is my prayer of blasphemy and praise!"

This man who curses God from the altar,
inattentive to destiny's scowl,
is the same man who dreamed of roads on the oceans
and who said that God is a path upon the sea.

Wasn't it he who fought in the Lord's name,
beyond fate,
beyond earth,
beyond ocean and death?

Didn't the Iberian oak
give its branches to the blaze of God,
merging with God in the purest flame
on the sacred bonfire of love?

But today...what does one day matter!
For new homes to rise,
there are open places in shady woods
and green timber in ancient stands of oak.

A large expanse of the homeland still waits
to bare its furrows to the curve of the plow,

para el grano de Dios hay sementera
bajo cardos y abrojos y bardanas.

¡Qué importa un día! Está el ayer alerto
al mañana, mañana al infinito,
hombres de España, ni el pasado ha muerto,
ni está el mañana—ni el ayer—escrito.

¿Quién ha visto la faz al Dios hispano?
Mi corazón aguarda
al hombre ibero de la recia mano,
que tallará en el roble castellano
el Dios adusto de la tierra parda.

fertile ground for sowing God's grain
beneath where thistles, briars, and burdocks grow.

What does a day matter! Yesterday is alert to
face tomorrow, tomorrow to face the infinite:
men of Spain, the past never dies,
tomorrow and yesterday are not yet written.

Who has seen the face of the Spanish God?
My heart awaits
the Iberian man with the mighty hand
who will carve from Castilian oak
the austere God of this brown land.

Orillas del Duero

¡Primavera soriana, primavera
humilde, como el sueño de un bendito,
de un pobre caminante que durmiera
de cansancio en un páramo infinito!

¡Campillo amarillento,
como tosco sayal de campesina,
pradera de velludo polvoriento
donde pace la escuálida merina!

¡Aquellos diminutos pegujales
de tierra dura y fría,
donde apuntan centenos y trigales
que el pan moreno nos darán un día!

Y otra vez roca y roca, pedregales
desnudos y pelados serrijones,
la tierra de las águilas caudales,
malezas y jarales,
hierbas monteses, zarzas y cambrones.

¡Oh tierra ingrata y fuerte, tierra mía!
¡Castilla, tus decrépitas ciudades!
¡La agria melancolía
que puebla tus sombrías soledades!

¡Castilla varonil, adusta tierra,
Castilla del desdén contra la suerte,
Castilla del dolor y de la guerra,
tierra inmortal, Castilla de la muerte!

Era una tarde, cuando el campo huía
del sol, y en el asombro del planeta,
como un globo morado aparecía

The Banks of the Duero River

Spring in Soria, mild
spring, like the dream of a blessed one,
of a poor traveler sleeping
in exhaustion on a infinite plateau!

Small yellow field
like the coarse skirt of a peasant woman,
a dusty velvet meadow
where scrawny sheep are grazing!

Those tiny plots
of earth, hard and cold,
where level fields of rye and wheat
yield tomorrow's bread.

Again rock and more rock, bare
stony ground and treeless mountains.
The earth of bountiful eagles,
thickets and shrubs,
mountain herbs, brambles, and buckthorns.

Earth, harsh and resilient, my land!
Castile, your crumbling towns!
The aching melancholy
that fills your shady solitude!

Vigorous Castile, austere land,
Castile which scorns luck,
Castile of grief and of war,
immortal land, Castile of death!

One evening, when the fields slipped away
from the sun, to the astonishment of the planet
a purple globe appeared,

la hermosa luna, amada del poeta.

En el cárdeno cielo violeta
alguna clara estrella fulguraba.
El aire ensombrecido
oreaba mis sienes, y acercaba
el murmullo del agua hasta mi oído.

Entre cerros de plomo y de ceniza
manchados de roídos encinares,
y entre calvas roquedas de caliza,
iba a embestir los ocho tajamares
del puente el padre río,
que surca de Castilla el yermo frío.

¡Oh Duero, tu agua corre
y correrá mientras las nieves blancas
de enero el sol de mayo
haga fluir por hoces y barrancas,
mientras tengan las sierras su turbante
de nieve y de tormenta,
y brille el olifante
del sol, tras de la nube cenicienta!...

¿Y el viejo romancero
fue el sueño de un juglar junto a tu orilla?
¿Acaso como tú y por siempre, Duero,
irá corriendo hacia el mar Castilla?

the beautiful moon a poet loves.

In the darkening purple and violet sky
some clear stars shone brilliantly.
The shadowy air
cooled my temples and brought
the murmur of water to my ear.

Between the gray and ash speckled
hills of gnarled oaks,
and between bald rocky slopes of limestone,
the river rushes past
the eight-pier bridge,
cutting through cold barren Castile.

Duero, your flowing water
will run as long as the May sun
sends the white snows of January
rushing through canyons and ravines,
as long as mountains retain their turbans
of snows and storms
and the brillance
of the sun shines beyond ashen clouds!...

And was the old romantic ballad
dreamt by a minstrel on your bank?
Like you, Duero, will Castile,
perhaps, flow forever down toward the sea?

Las encinas

A los Sres. *de Masriera*

¡Encinares castellanos
en laderas y altozanos,
serrijones y colinas
llenos de obscura maleza,
encinas, pardas encinas;
humildad y fortaleza!

Mientras que llenándoos va
el hacha de calvijares,
¿nadie cantaros sabrá,
encinares?

El roble es la guerra, el roble
dice el valor y el coraje,
rabia inmoble
en su torcido ramaje;
y es más rudo
que la encina, más nervudo,
más altivo y más señor.

El alto roble parece
que recalca y ennudece
su robustez como atleta
que, erguido, afinca en el suelo.

El pino es el mar y el cielo
y la montaña: el planeta.
La palmera es el desierto,
el sol y la lejanía:
la sed; una fuente fría
soñada en el campo yerto.

The Oaks

To the Masrieras

Castilian live oaks
fill the hillsides and slopes,
crags and hills,
dense with dark undergrowth,
oaks, brown oaks;
humility and strength!

While the axes of
woodcutters fell you,
will no one sing your praise,
groves of live oak?

The majestic oak is war, the oak
speaks of valor and courage,
steadfast fury
in its twisted branches;
and it's tougher
than the holm oak, more sinewy,
prouder and more lordly.

The tall oak seems
to emphasize and stress
its robustness as an athlete;
upright, it is deeply rooted in the earth.

The pine is sea, sky,
and mountainside: the planet.
The palm is desert,
sun and distance:
thirst; a cold spring
dreamed of in the still field.

Las hayas son la leyenda.
Alguien, en las viejas hayas,
leía una historia horrenda
de crímenes y batallas.

¿Quién ha visto sin temblar
un hayedo en un pinar?
Los chopos son la ribera,
liras de la primavera,
cerca del agua que fluye,
pasa y huye,
viva o lenta,
que se emboca turbulenta
o en remanso se dilata.
En su eterno escalofrío
copian del agua del río
las vivas ondas de plata.

De los parques las olmedas
son las buenas arboledas
que nos han visto jugar,
cuando eran nuestros cabellos
rubios y, con nieve en ellos,
nos han de ver meditar.

Tiene el manzano el olor
de su poma,
el eucalipto el aroma
de sus hojas, de su flor
el naranjo la fragrancia;
y es del huerto
la elegancia
el ciprés obscuro y yerto.

Beech trees are legend.
Someone, in the old beeches,
read a dreadful account
of crimes and battles.

Who has seen without trembling
a beech grove in a pine forest?
Poplars are the riverside
lyres of springtime,
near water that flows,
passes by and flees,
quickly or slowly,
that rushes turbulently
or tarries in quiet pools.
The lively silver waves
mirror the river water
in their eternal shivering.

In parks, the elm groves
are the spacious forests.
They have seen us play
when our hair was golden,
and when our locks whiten,
they will watch us ponder.

The apple tree has fragrance
in its fruit,
the eucalyptus the aroma
of its leaves, the orange tree
the perfume of its flower;
and in the garden
the elegance
of the cypress, dark and stiff.

¿Qué tienes tú, negra encina
campesina,
con tus ramas sin color
en el campo sin verdor;
con tu tronco ceniciento
sin esbeltez ni altiveza,
con tu vigor sin tormento,
y tu humildad que es firmeza?

En tu copa ancha y redonda
nada brilla,
ni tu verdiobscura fronda
ni tu flor verdiamarilla.

Nada es lindo ni arrogante
en tu porte, ni guerrero,
nada fiero
que aderece su talante.
Brotas derecha o torcida
con esa humildad que cede
sólo a la ley de la vida,
que es vivir como se puede.

El campo mismo se hizo
árbol en ti, parda encina.
Ya bajo el sol que calcina,
ya contra el hielo invernizo,
el bochorno y la borrasca,
el agosto y el enero,
los copos de la nevasca,
los hilos del aguacero,
siempre firme, siempre igual,
impasible, casta y buena,
¡oh tú, robusta y serena,

What do you have,
black oak of the countryside,
with your colorless branches
in a field without greenery,
with your ash-black trunk
neither slender nor lofty,
with your strength without pain,
and your firm humility?

In your wide crown
nothing gleams,
not dark green leaves
nor yellow-green flowers.

Nothing is pretty or arrogant
in your bearing, nor warlike,
nothing fierce
indicates your mood.
You grow straight or twisted
with a humility that yields
only to the law of life,
which is to live however you can.

The countryside itself became
a tree in you, brown oak,
and whether under scorching sun
or up against winter ice,
muggy heat or storms,
August and January,
the snow of blizzards,
the drenching of rainstorms,
always steady, always the same,
impassive, chaste and good,
you are robust and serene,

eterna encina rural
de los negros encinares
de la raya aragonesa
y las crestas militares
de la tierra pamplonesa;
encinas de Extremadura,
de Castilla, que hizo a España,
encinas de la llanura,
del cerro y de la montaña;
encinas del alto llano
que el joven Duero rodea,
y del Tajo que serpea
por el suelo toledano;
encinas de junto al mar
—en Santander—, encinar
que pones tu nota arisca,
como un castellano ceño,
en Córdoba la morisca,
y tú, encinar madrileño,
bajo Guadarrama frío,
tan hermoso, tan sombrío,
con tu adustez castellana
corrigiendo
la vanidad y el atuendo
y la hetiquez cortesana!...
Ya sé, encinas
campesinas,
que os pintaron, con lebreles
elegantes y corceles,
los más egregios pinceles,
y os cantaron los poetas
augustales,
que os asordan escopetas

eternal rural oak
of the black oak groves
of the Aragonese nights
and the military crests
of the lands of Pamplona;
oaks of Extremadura,
of Castile, that created Spain,
oaks of the plains,
of hillsides and mountains,
oaks of the high plateau
that the headwaters of the Duero surround,
and of the Tajo that snakes
through the fields of Toledo;
oaks beside the sea
—in Santander—, oak grove,
you put your surly mark
like a Castilian frown
on Moorish Cordoba,
and you, Madrid oak grove,
beneath cold Guadarrama
so beautiful, so somber,
your Castilian harshness
correcting
the vanity and trappings
of courtesan frippery!
I know,
country oaks,
that you were painted, with elegant
hounds and chargers,
by the most eminent painters,
and your praises were sung
by the august poets,
that you are deafened by the shotguns

de cazadores reales;
mas sois el campo y el lar
y la sombra tutelar
de los buenos aldeanos
que visten parda estameña,
y que cortan vuestra leña
con sus manos.

¿Eres tú, Guadarrama, viejo amigo,
la sierra gris y blanca,
la sierra de mis tardes madrileñas
que yo veía en el azul pintada?

Por tus barrancos hondos
y por tus cumbres agrias,
mil Guadarramas y mil soles vienen,
cabalgando conmigo, a tus entrañas.

Camino de Balsaín, 1911

of royal hunters;
but you are countryside and home
and guiding spirit
of good village folk
who wear brown cloth
and cut your wood
with their hands.

Is that you, Guadarrama, old friend,
gray and white mountain range
of my Madrid afternoons, mountain range
I used to see painted on the blue sky?

As I ride up your deep valleys
and past your bristling peaks,
a thousand Guadarramas and a thousand suns
come riding with me, into your heart.

Balsain Road, 1911

En abril, las aguas mil

Son de abril las aguas mil.
Sopla el viento achubascado,
y entre nublado y nublado
hay trozos de cielo añil.

Agua y sol. El iris brilla.
En una nube lejana,
zigzaguea
una centella amarilla.

La lluvia da en la ventana
y el cristal repiquetea.

A través de la neblina
que forma la lluvia fina,
se divisa un prado verde,
y un encinar se esfumina,
y una sierra gris se pierde.

Los hilos del aguacero
sesgan las nacientes frondas,
y agitan las turbias ondas
en el remanso del Duero.

Lloviendo está en los habares
y en las pardas sementeras;
hay sol en los encinares,
charcos por las carreteras.

Lluvia y sol. Ya se obscurece
el campo, ya se ilumina;
allí un cerro desparece,
allá surge una colina.

In April, the Showers

In April, the showers.
The wind blows in squalls
between banks of storm clouds.
There are patches of indigo sky.

Water and sun. The rainbow shines.
A yellow flash of lightning
zigzags
in a distant cloud.

Rain strikes the window
and the glass chimes.

Through mist
made by fine rain,
I can discern a green meadow.
An oak grove vanishes,
and a gray mountain ridge disappears.

Threads of the downpour
flatten the sprouting fronds
and stir up turbulent waves
in the tranquil water of the Duero.

It's raining on bean fields
and on brown, sown fields;
there's sun on the oak groves,
puddles along the roads.

Rain and sun. The fields
now obscured, now illuminated;
over here a hillside disappears,
over there a hill emerges.

Ya son claros, ya sombríos
los dispersos caseríos,
los lejanos torreones.

Hacia la sierra plomiza
van rodando en pelotones
nubes de guata y ceniza.

Scattered farm houses,
distant towers,
now brilliant, now somber.

Clouds of raw cotton and ash
roll like huge balls
toward the lead-gray mountains.

Un loco

Es una tarde mustia y desabrida
de un otoño sin frutos, en la tierra
estéril y raída
donde la sombra de un centauro yerra.

Por un camino en la árida llanura,
entre álamos marchitos,
a solas con su sombra y su locura
va el loco, hablando a gritos.

Lejos se ven sombríos estepares,
colinas con malezas y cambrones,
y ruinas de viejos encinares,
coronando los agrios serrijones.

El loco vocifera
a solas con su sombra y su quimera.
Es horrible y grotesca su figura;
flaco, sucio, maltrecho y mal rapado,
ojos de calentura
iluminan su rostro demacrado.

Huye de la ciudad... Pobres maldades,
misérrimas virtudes y quehaceres
de chulos aburridos, y ruindades
de ociosos mercaderes.

Por los campos de Dios el loco avanza.
Tras la tierra esquelética y sequiza
—rojo de herrumbre y pardo de ceniza—
hay un sueño de lirio en lontananza.

Huye de la cuidad. ¡El tedio urbano!
—¡carne triste y espíritu villano!—.

A Madman

It is the bleak and dismal evening
of a fruitless autumn
in the worn, sterile land
where a centaur's shadow wanders.

Along a road on the barren plain,
among withered popular trees,
alone, with his shadow and his insanity,
travels the madman, screaming out words.

In the distance are dark fields of rockrose,
hills overgrown with weeds and brambles,
and ruins of old oaks
crowning jagged mountains.

The madman cries out
alone, with his shadow and his fantasies.
His body is horrible and grotesque,
bony, battered, dirty, unshaven;
feverish eyes
illuminate his wasted face.

He flees the city...of poor vices,
shabby affairs, miserable virtues
of bored and tiresome crooks
and the malice of idle merchants.

The madman travels through the fields of God.
Beyond the parched and naked land
—rusted red and ashen brown—
in the distance the dream of a lily.

He flees the city. The urban weariness,
—rude spirit, abject flesh!

No fue por una trágica amargura
esta alma errante desgajada y rota;
purga un pecado ajeno: la cordura,
la terrible cordura del idiota.

It was not a tragic bitterness
that created this wandering soul, ragged and torn;
he atones for another's sin: sanity,
the terrible sanity of the idiot.

Fantasía iconográfica

La calva prematura
brilla sobre la frente amplia y severa;
bajo la piel de pálida tersura
se trasluce la fina calavera.

Mentón agudo y pómulos marcados
por trazos de un punzón adamantino;
y de insólita púrpura manchados
los labios que soñara un florentino.

Mientras la boca sonreír parece,
los ojos perspicaces,
que un ceño pensativo empequeñece,
miran y ven, profundos y tenaces.

Tiene sobre la mesa un libro viejo
donde posa la mano distraída.
Al fondo de la cuadra, en el espejo
una tarde dorada está dormida.

Montañas de violeta
y grisientos breñales,
la tierra que ama el santo y el poeta,
los buitres y las águilas caudales.

Del abierto balcón al blanco muro
va una franja de sol anaranjada
que inflama el aire, en el ambiente obscuro
que envuelve la armadura arrinconada.

Iconographic Fantasy

A prematurely balding dome
gleams above the ample and severe forehead;
beneath pale smooth skin,
delicate bones are visible.

Sharp chin and prominent cheekbones marked
by traces of a diamond awl,
and with the purple stained lips
of a Florentine's dream.

While the mouth seems to smile,
the perceptive eyes,
made smaller by a pensive brow,
look and see, profound and tenacious.

His hand rests absently
on an old book lying on the table.
In the depths of the scene, in the mirror,
a golden afternoon sleeps.

Mountains of violet
and grayish peaks
the land the saint and poet loves,
buzzards and eagles.

From the open balcony to the white wall
stretches a strip of orange sun
that inflames the air in the dark atmosphere
enclosed within the old frame.

Un criminal

El acusado es pálido y lampiño.
Arde en sus ojos una fosca lumbre,
que repugna a su máscara de niño
y ademán de piadosa mansedumbre.

Conserva del obscuro seminario
el talante modesto y la costumbre
de mirar a la tierra o al breviario.

Devoto de María,
madre de pecadores,
por Burgos bachiller en teología,
presto a tomar las órdenes menores.

Fue su crimen atroz. Hartóse un día
de los textos profanos y divinos,
sintió pesar del tiempo que perdía
enderezando hipérbatons latinos.

Enamoróse de una hermosa niña;
subiósele el amor a la cabeza
como el zumo dorado de la viña,
y despertó su natural fiereza.

En sueños vio a sus padres—labradores
de mediano caudal—iluminados,
del hogar por los rojos resplandores,
los campesinos rostros atezados.

Quiso heredar. ¡Oh, guindos y nogales
del huerto familiar, verde y sombrío,
y doradas espigas candeales
que colmarán los trojes del estío!

A Criminal

The accused is pale and smooth-cheeked.
A wild light burning in his eyes
contradicts his child-like mask
and attitude of pious gentleness.

He retains the modest demeanor
of the dark seminarian and the habit
of staring at the ground or at his breviary.

A devotee of Mary,
mother of sinners,
a bachelor of theology from Burgos
ready to take the lesser orders.

His crime was atrocious. He tired one day
of the profane and divine texts;
he felt the weight of the time he was losing
trying to decipher Latin hyperbole.

He fell in love with a beautiful girl,
and his love went to his head
like the golden juice of the vine,
and his natural ferocity awoke.

In dreams he saw his parents—workers of
modest means—in their home,
their tanned farmer faces
illuminated by the hearth's red flames.

He wanted to inherit the cherry and walnut trees
of the family orchard, the somber green
and golden sprouts of wheat
that will crown summer harvests.

Y se acordó del hacha que pendía
en el muro, luciente y afilada,
el hacha fuerte que la leña hacía
de la rama de roble cercenada.

. . .

Frente al reo, los jueces con sus viejos
ropones enlutados;
y una hilera de obscuros entrecejos
y de plebeyos rostros: los jurados.

El abogado defensor perora,
golpeando el pupitre con la mano;
emborrona papel un escribano,
mientras oye el fiscal, indiferente,
el alegato enfático y sonoro,
y repasa los autos judiciales
o, entre sus dedos, de las gafas de oro
acaricia los límpidos cristales.

Dice un ujier: "Va sin remedio al palo."
El joven cuervo la clemencia espera.
Un pueblo, carne de horca, la severa
justicia aguarda que castiga al malo.

He remembered the ax that hung
on the wall, gleaming and sharp,
the strong ax that made kindling
out of the sturdy oak branch.

. . .

The accused stands before the judges
in their old mourning robes
and a row of dark brows
and plebian faces: the jurors.

The defense attorney declaims,
thumping the desk with his fist;
a scribe fills pages
while the public prosecutor listens, indifferent,
to the emphatic and sonorous charges
and reviews legal documents,
or between his fingers rubs
the limpid lenses of his gold spectacles.

An usher says, "He's sure to hang."
The young fool hopes for mercy.
The bloodthirsty crowd awaits
severe justice, evil's punishment.

Amanecer de otoño

A Julio Romero de Torres

Una larga carretera
entre grises peñascales,
y alguna humilde pradera
donde pacen negros toros. Zarzas, malezas, jarales.

Está la tierra mojada
por las gotas del rocío,
y la alameda dorada,
hacia la curva del río.

Tras los montes de violeta
quebrado el primer albor;
a la espalda la escopeta,
entre sus galgos agudos, caminando un cazador.

Autumn Dawn

–for Julio Romero de Torres

A long highway
between gray cliffs,
and some humble meadows
where black bulls graze. Blackberries, thickets, wild roses.

The earth is moist
with drops of dew,
and the poplars are golden
along the river's bend.

Behind the violet woods,
dawn's first light is breaking;
a hunter walks, shotgun on his
shoulder, among his nimble hounds.

En tren

Yo, para todo viaje
—siempre sobre la madera
de mi vagón de tercera—,
voy ligero de equipaje.
Si es de noche, porque no
acostumbro a dormir yo,
y de día, por mirar
los arbolitos pasar,
yo nunca duermo en el tren,
y, sin embargo, voy bien.
¡Este placer de alejarse!
Londres, Madrid, Ponferrada,
tan lindos...para marcharse.
Lo molesto es la llegada.
Luego, el tren, al caminar,
siempre nos hace soñar;
y casi, casi olvidamos
el jamelgo que montamos.
¡Oh, el pollino
que sabe bien el camino!
¿Dónde estamos?
¿Dónde todos nos bajamos?
¡Frente a mí va una monjita
tan bonita!
Tiene esa expresión serena
que a la pena
da una esperanza infinita.
Y yo pienso: Tú eres buena;
porque diste tus amores
a Jesús; porque no quieres
ser madre de pecadores.
Mas tú eres
maternal,

By Train

On every journey I
am always on the wooden bench
of my third-class car
—traveling light, without much baggage.
Although it's night,
I can't lie down to sleep;
by day I'm busy watching
small trees go by,
so I never sleep on the train,
and nonetheless, I'm fine.
This pleasure of going somewhere!
London, Madrid, Ponferrada,
lovely places...to set off toward.
The annoying part is the arrival.
The train, as it goes along,
always makes us dream,
and we almost forget
the iron horse we're riding.
Oh, the donkey
that knows the route so well!
Where are we?
Where are we all getting off?
Across from me is a pretty
young nun.
She wears that serene expression
that turns suffering
into infinite hope.
And I think: your goodness lies
in giving your love
to Jesus; you don't wish
to be the mother of sinners.
Yet you are
maternal,

bendita entre las mujeres,
madrecita virginal.
Algo en tu rostro es divino
bajo tus cofias de lino.
Tus mejillas
—esas rosas amarillas—
fueron rosadas, y, luego,
ardió en tus entrañas fuego;
y hoy, esposa de la Cruz,
ya eres luz, y sólo luz...
¡Todas las mujeres bellas
fueran, como tú, doncellas
en un convento a encerrarse!...
Y la niña que yo quiero,
¡ay! ¡preferirá casarse
con un mocito barbero!
El tren camina y camina,
y la máquina resuella,
y tose con tos ferina.
¡Vamos en una centella!

blessed among women,
little virginal mother.
Something in your face is divine
under your linen headdress.
Your cheeks
—those yellow roses—
were pink, and
fire burned within you;
and today, wife of the Cross,
you are light, and only light...
All beautiful women
must have been like you, maidens
closed into a convent!...
And the girl I love,
alas, might prefer to marry
some young barber!
The train goes on and on
and the engine puffs
and coughs with a whooping cough.
We travel on a blaze of sparks!

Noche de verano

Es una hermosa noche de verano.
Tienen las altas casas
abiertos los balcones
del viejo pueblo a la anchurosa plaza.
En el amplio rectángulo desierto,
bancos de piedra, evónimos y acacias
simétricos dibujan
sus negras sombras en la arena blanca.
En el cenit, la luna, y en la torre,
la esfera del reloj iluminada.
Yo en este viejo pueblo paseando
solo, como un fantasma.

Summer Night

It's a beautiful summer night.
The tall houses have
their balconies open
to the broad plaza of the old town.
In the large deserted square,
stone benches, burning bush, and acacias
cast symetric
black shadows on white sand.
The moon at its zenith, and on the tower
the clock's illuminated globe.
I walk through this ancient village
like a ghost, alone.

Pascua de Resurrección

Mirad: el arco de la vida traza
el iris sobre el campo que verdea.
Buscad vuestros amores, doncellitas,
donde brota la fuente de la piedra.
En donde el agua ríe y sueña y pasa,
allí el romance del amor se cuenta.
¿No han de mirar un día, en vuestros brazos,
atónitos, el sol de primavera,
ojos que vienen a la luz cerrados,
y que al partirse de la vida ciegan?
¿No beberán un día en vuestros senos
los que mañana labrarán la tierra?
¡Oh, celebrad este domingo claro,
madrecitas en flor, vuestras entrañas nuevas!
Gozad esta sonrisa de vuestra ruda madre.
Ya sus hermosos nidos habitan las cigüeñas,
y escriben en las torres sus blancos garabatos.
Como esmeraldas lucen los musgos de las peñas.
Entre los robles muerden
los negros toros la menuda hierba,
y el pastor que apacienta los merinos
su pardo sayo en la montaña deja.

Easter of Resurrection

Look: the arc of life traces
a rainbow on the greening fields.
Seek your loves, young maidens,
where the spring emerges from rock.
Where water laughs and dreams and flows,
that's where love's ballad is sung.
Eyes born closed to light,
held in your arms will gaze one day,
astonished, at spring sun,
eyes that will grow blind as they depart from life.
Won't there drink, one day, at your breast
those who will work the earth tomorrow?
Oh, celebrate this bright Sunday
young mothers in flower, new life within you!
Bask in the smile from your earthy mother.
The storks are already settled in their beautiful nests
and they scribble on the towers in their white scrawl.
Mosses on the peaks gleam like emeralds.
Between the oaks, black bulls
graze on sparse grass,
and the shepherd tending his sheep
leaves his brown cape on the mountainside.

Campos de Soria

I.

Es la tierra de Soria árida y fría.
Por las colinas y las sierras calvas,
verdes pradillos, cerros cenicientos,
la primavera pasa
dejando entre las hierbas olorosas
sus diminutas margaritas blancas.

La tierra no revive, el campo sueña.
Al empezar abril está nevada
la espalda del Moncayo;
el caminante lleva en su bufanda
envueltos cuello y boca, y los pastores
pasan cubiertos con sus luengas capas.

II.

Las tierras labrantías,
como retazos de estameñas pardas,
el huertecillo, el abejar, los trozos
de verde obscuro en que el merino pasta,
entre plomizos peñascales, siembran
el sueño alegre de infantil Arcadia.
En los chopos lejanos del camino,
parecen humear las yertas ramas
como un glauco vapor—las nuevas hojas—
y en las quiebras de valles y barrancas
blanquean los zarzales florecidos,
y brotan las violetas perfumadas.

The Landscape of Soria

I.

The landscape of Soria is arid and cold.
Through hills and barren mountains,
small green meadows, ashen highlands,
spring passes,
leaving tiny white daisies
among the fragrant grasses.

The earth doesn't revive, the field sleeps.
In early April snowfall covers
the shoulder of Moncayo;
the traveler winds his scarf
around his neck and mouth, and shepherds
pass by wrapped in their trailing capes.

II.

The tilled earth
like remnants of brown cloth,
the small orchard, beehives, the bits
of dark green where sheep graze
between leaden, rocky slopes
sow the joyful dream of a youthful Arcadia.
In the distant black poplars by the road,
still branches seem to smoke
with the blue-green mist of new leaves,
and in the clefts of valleys and ravines
blackberry blossoms whiten
and fragrant violets bloom.

III.

Es el campo undulado, y los caminos
ya ocultan los viajeros que cabalgan
en pardos borriquillos,
ya al fondo de la tarde arrebolada
elevan las plebeyas figurillas,
que el lienzo de oro del ocaso manchan.
Mas si trepáis a un cerro y veis el campo
desde los picos donde habita el águila,
son tornasoles de carmín y acero,
llanos plomizos, lomas plateadas,
circuidos por montes de violeta,
con las cumbres de nieve sonrosada.

IV.

¡Las figuras del campo sobre el cielo!
Dos lentos bueyes aran
en un alcor, cuando el otoño empieza,
y entre las negras testas doblegadas
bajo el pesado yugo,
pende un cesto de juncos y retama,
que es la cuna de un niño;
y tras la yunta marcha
un hombre que se inclina hacia la tierra,
y una mujer que en las abiertas zanjas
arroja la semilla.
Bajo una nube de carmín y llama,
en el oro fluido y verdinoso
del poniente, las sombras se agigantan.

III.

A rolling countryside, and the roads
now completely hide the travelers
riding on their small brown donkeys
until, in the scarlet depth of evening
peasant figures reappear,
staining sunset's golden canvas.
But if you climb a hill and look across the land
from the peaks where the eagle lives,
there is a sheen of crimson and steel,
gray plains and silver hills
circled by violet mountains,
their snowy summits tinted rose.

IV.

Figures in the field against the sky!
A pair of oxen slowly plow
a slope as autumn begins,
and between their black heads
bent beneath the heavy yoke
hangs a basket made of rush and broom,
a child's cradle.
Behind the team
a man plods, leaning toward the earth,
and a woman casts seed
into open furrows.
Beneath a cloud of crimson and flame
in the fluid gold and green
of the setting sun, shadows grow huge.

V.

La nieve. En el mesón al campo abierto
se ve el hogar donde la leña humea
y la olla al hervir borbollonea.
El cierzo corre por el campo yerto,
alborotando en blancos torbellinos
la nieve silenciosa.
La nieve sobre el campo y los caminos,
cayendo está como sobre una fosa.
Un viejo acurrucado tiembla y tose
cerca del fuego; su mechón de lana
la vieja hila, y una niña cose
verde ribete a su estameña grana.
Padres los viejos son de un arriero
que caminó sobre la blanca tierra,
y una noche perdió ruta y sendero,
y se enterró en las nieves de la sierra.
En torno al fuego hay un lugar vacío,
y en la frente del viejo, de hosco ceño,
como un tachón sombrío
—tal el golpe de un hacha sobre un leño—.
La vieja mira al campo, cual si oyera
pasos sobre la nieve. Nadie pasa.
Desierta la vecina carretera,
desierto el campo en torno de la casa.
La niña piensa que en los verdes prados
ha de correr con otras doncellitas
en los días azules y dorados,
cuando crecen las blancas margaritas.

V.

Snow. In an inn by an open field
you can see the hearth where wood smokes
and the pot bubbles as it boils.
The cold north wind sweeps over the motionless land,
spinning the silent snow
into white whirlwinds.
Snow falls on fields and roads
as if on a grave.
An old man trembles and coughs; huddled
near the fire, an old woman spins
her twist of wool, and a young girl sews
green trim on her scarlet cloth.
The old ones are parents of a muleskinner
who journeyed over the white earth
one night, was lost without a trace,
and buried in the mountain snow.
Around the fire there is an empty place
and on the forehead of the old man, a sullen frown
resembling the dark scar
of the blow of an ax on a log.
The old woman looks out at the field as if she hears
footsteps in the snow. No one passes.
The nearby road is empty,
the field surrounding the house deserted.
The little girl thinks of green meadows
where she will run with other maidens
in the blue and golden days,
when white daisies bloom.

VI.

¡Soria fría, *Soria pura,*
cabeza de Extremadura,
con su castillo guerrero
arruinado, sobre el Duero;
con sus murallas roídas
y sus casas denegridas!

¡Muerta ciudad de señores
soldados o cazadores;
de portales con escudos
de cien linajes hidalgos,
y de famélicos galgos,
de galgos flacos y agudos,
que pululan
por las sórdidas callejas,
y a la medianoche ululan,
cuando graznan las cornejas!

¡Soria fría! La campana
de la Audiencia da la una.
Soria, ciudad castellana
¡tan bella! bajo la luna.

VI.

Cold Soria, *clear Soria,*
headland of Extremadura,
with your warlike castle ruins
above the Duero river,
with your crumbling walls
and blackened houses!

Dead city of knights,
soldiers and hunters,
gates emblazoned
with the shields
of a hundred noble families,
and of hungry greyhounds
that breed quickly
in filthy alleys
and howl at midnight
when crows caw!

Cold Soria! The courthouse
bell strikes one.
Soria, Castilian city,
so beautiful under the moon!

VII.

¡Colinas plateadas,
grises alcores, cárdenas roquedas
por donde traza el Duero
su curva de ballesta
en torno a Soria, obscuros encinares,
ariscos pedregales, calvas sierras,
caminos blancos y álamos del río,
tardes de Soria, mística y guerrera,
hoy siento por vosotros, en el fondo
del corazón, tristeza,
tristeza que es amor! ¡Campos de Soria
donde parece que las rocas sueñan,
conmigo vais! ¡Colinas plateadas,
grises alcores, cárdenas roquedas!...

VII.

Silver hills,
gray heights, dark violet rocks
where the Duero traces
its crossbow curve
around Soria, dark oak groves,
rough stony ground, bald mountains,
white roads and poplars by the river,
evenings in Soria, mystic and warlike,
today I feel a sadness for you, deep
in my heart, a sadness
that is love! Fields of Soria
where the rocks appear to dream,
you go with me! Silver hills,
gray heights, dark violet rocks!...

VIII.

He vuelto a ver los álamos dorados,
álamos del camino en la ribera
del Duero, entre San Polo y San Saturio,
tras las murallas viejas
de Soria—barbacana
hacia Aragón, en castellana tierra.

Estos chopos del río, que acompañan
con el sonido de sus hojas secas
el son del agua, cuando el viento sopla,
tienen en sus cortezas
grabadas iniciales que son nombres
de enamorados, cifras que son fechas.
¡Álamos del amor que ayer tuvisteis
de ruiseñores vuestras ramas llenas;
álamos que seréis mañana liras
del viento perfumado en primavera;
álamos del amor cerca del agua
que corre y pasa y sueña,
álamos de las márgenes del Duero,
conmigo vais, mi corazón os lleva!

VIII.

I have seen the golden poplars again,
roadside poplars along the banks
of the Duero, between San Polo and San Saturio,
beyond the old town walls
of Soria—a tower
facing Aragon, on Castilian soil.

The black river poplars that blend
the rustling of their dry leaves
with the sound of the river when the wind blows
have the initials and dates
of lovers
carved in their bark.
Poplars of love whose branches
were filled with nightingales yesterday,
poplars that tomorrow will be lyres
of the fragrant spring wind
which runs and flows and dreams,
poplars on the banks of the Duero,
you go with me, carried in my heart!

IX

¡Oh, sí, conmigo vais, campos de Soria,
tardes tranquilas, montes de violeta,
alamedas del río, verde sueño
del suelo gris y de la parda tierra,
agria melancolía
de la ciudad decrépita,
me habéis llegado al alma,
¿o acaso estabais en el fondo de ella?
¡Gentes del alto llano numantino
que a Dios guardáis como cristianas viejas,
que el sol de España os llene
de alegría, de luz y de riqueza!

IX.

Yes, you go with me, landscape of Soria.
Calm afternoons, lavender mountains,
groves by the river, green dream
of gray soil and brown earth,
aching melancholy
of the city's decay.
You have touched my soul,
or were you already there in the depths?
People of the high Numantian plain,
you who revere God like old believers,
may the Spanish sun fill you
with abundance, light, and joy.

La tierra de Alvargonzález

Al poeta Juan Ramón Jiménez

I.

Siendo mozo Alvargonzález,
dueño de mediana hacienda,
que en otras tierras se dice
bienestar y aquí, opulencia,
en la feria de Berlanga
prendóse de una doncella,
y la tomó por mujer
al año de conocerla.
Muy ricas las bodas fueron,
y quien las vio las recuerda;
sonadas las tornabodas
que hizo Alvar en su aldea;
hubo gaitas, tamboriles,
flauta, bandurria y vihuela,
fuegos a la valenciana
y danza a la aragonesa.

II.

Feliz vivió Alvargonzález
en el amor de su tierra.
Naciéronle tres varones,
que en el campo son riqueza,
y, ya crecidos, los puso,
uno a cultivar la huerta,
otro a cuidar los merinos,
y dio el menor a la Iglesia.

The Ballad of Alvargonzález

to the poet Juan Ramón Jiménez

I.

When Alvargonzález was a young man
he was the owner of a modest property
that in other places would be called
comfortable but here opulent.
At the Berlanga fair
he was smitten with a girl
and after a year of courtship,
he took her for his wife.
The wedding feast was lavish
and those who attended remembered it well.
When he returned with his bride the festivities
were the talk of the village.
There were bagpipes and drums,
flutes, mandolins and guitars,
Valencian fireworks,
and Aragonese dances.

II.

Alvargonzález lived happily
in the love of his land.
Three sons were born to him;
sons are wealth in the countryside.
When they were grown, he set
one to till the fields,
another to tend the sheep,
and the youngest he gave to the Church.

III.

Mucha sangre de Caín
tiene la gente labriega,
y en el hogar campesino
armó la envidia pelea.

Casáronse los mayores;
tuvo Alvargonzález nueras,
que le trajeron cizaña,
antes que nietos le dieran.

La codicia de los campos
ve tras la muerte la herencia;
no goza de lo que tiene
por ansia de lo que espera.

El menor, que a los latines
prefería las doncellas
hermosas y no gustaba
de vestir por la cabeza,
colgó la sotana un día
y partió a lejanas tierras.
La madre lloró; y el padre
diole bendición y herencia.

IV.

Alvargonzález ya tiene
la adusta frente arrugada,
por la barba le platea
la sombra azul de la cara.

III.

The blood of Cain still runs
in the veins of country folk,
and in the rural home
jealousy caused strife.

The elder sons married;
now Alvargonzález had daughters-in-law
who brought him discord
before they gave him grandchildren.

Those who covet the fields
see death as a path to wealth,
unable to enjoy what they have
as they brood on what they expect.

The youngest, who preferred
pretty girls
to Latin prayers
and didn't like wearing a cassock,
hung up his priestly garb one day
and left for distant lands.
His mother wept, and his father
blessed him and gave him his inheritance.

IV.

Alvargonzález' austere brow
was furrowed now,
the blue stubble on his chin
tinged with silver.

Una mañana de otoño
salió solo de su casa;
no llevaba sus lebreles,
agudos canes de caza;
iba triste y pensativo
por la alameda dorada;
anduvo largo camino
y llegó a una fuente clara.

Echóse en la tierra; puso
sobre una piedra la manta,
y a la vera de la fuente
durmió al arrullo del agua.

El sueño

I.

Y Alvargonzález veía,
como Jacob, una escala
que iba de la tierra al cielo,
y oyó una voz que le hablaba.
Mas las hadas hilanderas,
entre las vedijas blancas
y vellones de oro, han puesto
un mechón de negra lana.

II.

Tres niños están jugando
a la puerta de su casa;
entre los mayores brinca
un cuervo de negras alas.

One autumn morning
he left his house alone;
he didn't take his hounds,
his sharp-sensed hunting dogs;
he wandered, sad and pensive,
down a long road
through a golden grove
and came to a clear spring.

He spread his cloak on a stone
beside the spring and fell asleep
stretched out on the ground,
lulled by the sound of the water.

The Dream

I.

And then Alvargonzález,
like Jacob, saw a ladder
rising from the earth to the sky,
and he heard a voice calling him.
But among their white
and gold threads and skeins,
the Fates have spun
a strand of black wool.

II.

Three young boys play
just outside the door of their house;
a crow with black wings
is hopping between the older two.

La mujer vigila, cose
y, a ratos, sonríe y canta.
"Hijos, ¿qué hacéis?" les pregunta.

Ellos se miran y callan.
"Subid al monte, hijos míos,
y antes que la noche caiga,
con un brazado de estepas
hacedme una buena llama."

III.

Sobre el lar de Alvargonzález
está la leña apilada;
el mayor quiere encenderla,
pero no brota la llama.
"Padre, la hoguera no prende,
está la estepa mojada."

Su hermano viene a ayudarle
y arroja astillas y ramas
sobre los troncos de roble;
pero el rescoldo se apaga.
Acude el menor, y enciende,
bajo la negra campana
de la cocina, una hoguera
que alumbra toda la casa.

IV.

Alvargonzález levanta
en brazos al más pequeño
y en sus rodillas lo sienta:

Their mother watches over them, sewing
and sometimes smiles and sings.
"Boys, what are you doing?" she asks.

They look at each other and are silent.
"Go up the mountainside, my sons,
and come back before nightfall
with an armful of kindling
to make a good fire."

III.

On Alvargonzález' hearth
the firewood was piled;
the eldest tried to light it
but the flame wouldn't catch.
"Father, the fire won't light;
the wood is too damp."

His brother came to help him
and scattered twigs and branches
over the oak logs,
but the embers went out.
The youngest came over and
in the black cavern
of the fireplace kindled a blaze
that lit up the whole house.

IV.

Alvargonzález lifted
the youngest one in his arms
and sat him on his knees:

"Tus manos hacen el fuego;
aunque el último naciste

tú eres en mi amor primero."
Los dos mayores se alejan
por los rincones del sueño.
Entre los dos fugitivos
reluce un hacha de hierro.

                    Aquella tarde...

I.

Sobre los campos desnudos,
la luna llena manchada
de un arrebol purpurino,
enorme globo, asomaba.
Los hijos de Alvargonzález
silenciosos caminaban,
y han visto al padre dormido
junto de la fuente clara.

II.

Tiene el padre entre las cejas
un ceño que le aborrasca
el rostro, un tachón sombrío
como la huella de un hacha.
Soñando está con sus hijos,
que sus hijos lo apuñalan;
y cuando despierta mira
que es cierto lo que soñaba.

"Your hands light fires;
although you were born last,
you are the one I love most."

The two eldest retreated
to the corners of the dream.
Between the two fugitives
glimmered an iron ax.

That Evening...

I.

Over the naked fields
a full moon rose,
an enormous globe
stained with a purple-red glow.
Alvargonzález' sons
were walking along silently
and saw their father asleep
next to the clear spring.

II.

Their father's face was twisted
by a frown between his eyebrows,
a heavy indentation
like wood scarred by the ax...
He is dreaming of his sons,
that his sons are stabbing him,
and when he wakes, he sees
that what he dreamed is true.

III.

A la vera de la fuente
quedó Alvargonzález muerto.
Tiene cuatro puñaladas
entre el costado y el pecho,
por donde la sangre brota,
más un hachazo en el cuello.
Cuenta la hazaña del campo
el agua clara corriendo,
mientras los dos asesinos
huyen hacia los hayedos.
Hasta la Laguna Negra,
bajo las fuentes del Duero,
llevan el muerto, dejando
detrás un rastro sangriento;
y en la laguna sin fondo,
que guarda bien los secretos,
con una piedra amarrada
a los pies, tumba le dieron.

IV.

Se encontró junto a la fuente
la manta de Alvargonzález,
y, camino del hayedo,
se vio un reguero de sangre.
Nadie de la aldea ha osado
a la laguna acercarse,
y el sondarla inútil fuera,
que es la laguna insondable.
Un buhonero, que cruzaba
aquellas tierras errante,

III.

On the edge of the spring
Alvargonzález met his death.
Blood spouted from
four stab wounds
on his back and chest
and from an ax blow to his neck.
The clear running water
told of the countryside crime
while the two murderers
fled to the stand of beech.
All the way to the Black Lagoon,
to the headwaters of the Duero,
they carried the dead man, leaving
behind a bloody trail,
and in the bottomless lagoon
that keeps its secret so well,
they sank his body
with a stone tied to his feet.

IV.

Alvargonzález' cloak
was found next to the spring,
and a trail of blood
marked the path toward the beech woods.
No one in the village dared
go near the lagoon,
and to drag it would have been useless
because the lagoon is bottomless.
A peddler who happened
to be traveling through the region

fue en Dauria acusado, preso
y muerto en garrote infame.

V.

Pasados algunos meses,
la madre murió de pena.
Los que muerta la encontraron
dicen que las manos yertas
sobre su rostro tenía,
oculto el rostro con ellas.

VI.

Los hijos de Alvargonzález
ya tienen majada y huerta,
campos de trigo y centeno
y prados de fina hierba;
en el olmo viejo, hendido
por el rayo, la colmena,
dos yuntas para el arado,
un mastín y mil ovejas.

Otros días

I.

Ya están las zarzas floridas
y los ciruelos blanquean;
ya las abejas doradas
liban para sus colmenas,

was tried and imprisoned in Dauria
and killed by an infamous garroting.

V.

A few months later
the mother died of grief;
those who found her dead say
she lay with her stiff hands
over her face,
hiding her face with them.

VI.

The sons of Alvargonzález
now have herds and an orchard,
fields of wheat and rye,
meadows of fine hay,
a beehive in the old elm
split by lightning,
two ox teams for ploughing,
a watchdog, and a thousand sheep.

Other Days

I.

Now blackberries are in bloom
and plum trees are turning white;
now golden bees
are sipping to stock their hives,

y en los nidos, que coronan
las torres de las iglesias,
asoman los garabatos
ganchudos de las cigüeñas.
Ya los olmos del camino
y chopos de las riberas
de los arroyos, que buscan
al padre Duero, verdean.
El cielo está azul, los montes
sin nieve son de violeta.
La tierra de Alvargonzález
se colmará de riqueza;
muerto está quien la ha labrado,
mas no le cubre la tierra.

II.

La hermosa tierra de España
adusta, fina y guerrera
Castilla, de largos ríos,
tiene un puñado de sierras
entre Soria y Burgos como
reductos de fortaleza,
como yelmos crestonados,
y Urbión es una cimera.

III.

Los hijos de Alvargonzález,
por una empinada senda,
para tomar el camino
de Salduero a Covaleda,

and in the nests that crown
the towers of the churches,
the hooked profiles
of storks stick out.
Now elms along the road
and poplars on the banks
of brooks that seek
their father Duero are turning green.
The sky is blue, the peaks
without snow are violet-hued.
The land of Alvargonzález
will overflow with riches;
he who worked it is dead,
but the earth does not cover him.

II.

Austere, spare and warlike,
Castile, beautiful Spanish land
of long rivers,
a handful of mountain ranges
between Soria and Burgos
stand like formidable fortresses
or like crested helmets
with Urbión as their summit plume.

III.

Mounted on brown mules,
riding along a steep path
through the pine groves of Vinuesa,
the sons of Alvargonzález

cabalgan en pardas mulas,
bajo el pinar de Vinuesa.
Van en busca de ganado
con que volver a su aldea,
y por tierra de pinares
larga jornada comienzan.
Van Duero arriba, dejando
atrás los arcos de piedra
del puente y el caserío
de la ociosa y opulenta
villa de indianos. El río,
al fondo del valle, suena,
y de las cabalgaduras
los cascos baten las piedras.
A la otra orilla del Duero
canta una voz lastimera:
"La tierra de Alvargonzález
se colmará de riqueza,
y el que la tierra ha labrado
no duerme bajo la tierra."

IV.

Llegados son a un paraje
en donde el pinar se espesa,
y el mayor, que abre la marcha,
su parda mula espolea,
diciendo: "Démonos prisa;
porque son más de dos leguas
de pinar y hay que apurarlas
antes que la noche venga."

Dos hijos del campo, hechos
a quebradas y asperezas,

are on their way
from Salduero to Covaleda.
They go in search of cattle to buy
and drive home to their village.
And through the land of pine trees
they began a long journey.
They climbed above the Duero,
leaving behind the stone arches
of the bridge and the farmhouse
of lazy and opulent emigrants
who made their fortunes and returned.
The river resounds in the valley,
and the clatter of horse hooves
rings out against the stone path.
On the other bank of the Duero
a grief-filled voice sang:
"The land of Alvargonzález
will overflow with riches,
and he who worked the earth
does not sleep beneath it."

IV.

They have arrived at the place
where the pines grow thicker
and the eldest, who leads the way,
spurs on his brown mule,
saying, "Let's hurry;
there are over two leagues
of pine trees, and we have to get
through them by nightfall."

Two sons of the land, forged
with blows and harshness,

porque recuerdan un día
la tarde en el monte tiemblan.
Allá en lo espeso del bosque
otra vez la copla suena:
"La tierra de Alvargonzález
se colmará de riqueza,
y el que la tierra ha labrado
no duerme bajo la tierra."

V.

Desde Salduero el camino
va al hilo de la ribera;
a ambas márgenes del río
el pinar crece y se eleva,
y las roscas se aborrascan,
al par que el valle se estrecha.
Los fuertes pinos del bosque
con sus copas gigantescas,
y sus desnudas raíces
amarradas a las piedras;
los de troncos plateados
cuyas frondas azulean,
pinos jóvenes; los viejos,
cubiertos de blanca lepra,
musgos y líquenes canos
que el grueso tronco rodean,
colman el valle y se pierden
rebasando ambas laderas.
Juan, el mayor, dice: "Hermano.
si Blas Antonio apacienta
cerca de Urbión su vacada,
largo camino nos queda."

fear a night on the mountainside
because of a day they remember.
There in the thickest part of the forest
they heard that song again:
"The land of Alvargonzález
will overflow with riches,
and he who worked the earth
does not sleep beneath it."

V.

The road beyond Salduero
follows the riverbank;
on both sides of the river
the pine forest has grown to maturity,
and the rocks become craggier
as the valley narrows.
The strong pines of the forest
have gigantic tops
and their naked roots
are wrapped around boulders;
those with silvery trunks
and bluish needles, young pines;
and the old ones,
all covered with white toadstools,
with moss and gray lichens
surrounding their thick trunks,
fill the valley and overflow
the horizon on both sides.
Juan, the elder, says, "Brother,
if Blas Antonio's cattle
are grazing near Urbión,
we have a long road ahead of us."

"Cuanto hacia Urbión alarguemos
se puede acortar de vuelta,
tomando por el atajo,
hacia la Laguna Negra,
y bajando por el puerto
de Santa Inés a Vinuesa."
"Mala tierra y peor camino.
Te juro que no quisiera
verlos otra vez. Cerremos
los tratos en Covaleda;
hagamos noche y, al alba,
volvámonos a la aldea
por este valle, que, a veces,
quien piensa atajar rodea."
Cerca del río cabalgan
los hermanos, y contemplan
cómo el bosque centenario,
al par que avanzan, aumenta,
y la roqueda del monte
el horizonte les cierra.
El agua, que va saltando,
parece que canta o cuenta:
"La tierra de Alvargonzález
se colmará de riqueza,
y el que la tierra ha labrado
no duerme bajo la tierra."

"If it takes us longer to reach Urbión
we can make up that time on the return
by taking the shortcut
past the Black Lagoon
and heading down past the port
of Santa Inés to Vinuesa."
"That's rough terrain and a worse road.
I have no wish to ever
see them again. Let's finish up
our business in Covaleda,
spend the night and, at dawn,
let's head back to our village
through this valley. Sometimes,
it's a mistake to try a shortcut."
Riding near the river, the brothers
could see
the ancient woods
growing denser as they went along
and the rocky mountainside
blocking out the horizon.
The water skipping along
seemed to sing or recite:
"The land of Alvargonzález
will overflow with riches,
and he who worked the earth
does not sleep beneath it."

Castigo

I.

Aunque la codicia tiene
redil que encierre la oveja,
trojes que guarden el trigo,
bolsas para la moneda,
y garras, no tiene manos
que sepan labrar la tierra.
Así, a un año de abundancia
siguió un año de pobreza.

II.

En los sembrados crecieron
las amapolas sangrientas;
pudrió el tizón las espigas
de trigales y de avenas;
hielos tardíos mataron
en flor la fruta en la huerta,
y una mala hechicería
hizo enfermar las ovejas.
A los dos Alvargonzález
maldijo Dios en sus tierras,
y al año pobre siguieron
largos años de miseria.

III.

Es una noche de invierno.
Cae la nieve en remolinos.

Punishment

I.

Although greed has
a sheepfold,
granaries storing wheat,
sacks for money,
and claws, it has no hands
that know how to work the land.
Thus a year of abundance
was followed by a year of poverty.

II.

In the sown fields there grew
blood red poppies,
fungus ruined the sprouts
in wheat and oat fields,
late frosts killed the blossoms
so the orchard bore no fruit,
and an evil spell
sickened the sheep.
The two Alvargonzález brothers
were cursed by God on their lands,
and one poor year was followed
by many more just as hard.

III.

One winter's night
in a snowy blizzard

Los Alvargonzález velan
un fuego casi extinguido.
El pensamiento amarrado
tienen a un recuerdo mismo,
y en las ascuas mortecinas
del hogar los ojos fijos.
No tienen leña ni sueño.
Larga es la noche y el frío
arrecia. Un candil humea
en el muro ennegrecido.
El aire agita la llama,
que pone un fulgor rojizo
sobre las dos pensativas
testas de los asesinos.
El mayor de Alvargonzález,
lanzando un ronco suspiro,
rompe el silencio, exclamando:
"Hermano, ¡qué mal hicimos!"
El viento la puerta bate,
hace temblar el postigo,
y suena en la chimenea
con hueco y largo bramido.
Después el silencio vuelve,
y a intervalos el pabilo
del candil chisporrotea
en el aire aterecido.
El segundón dijo: "¡Hermano,
demos lo viejo al olvido!"

the Alvargonzalez brothers huddle
around the glow of a dying fire.
Their thoughts are bound
to the same memory,
and their eyes fixed
on the fading embers of the hearth.
They have no firewood nor can they sleep.
The night is long and growing
colder. Soot from the oil lamp
blackens the wall.
The flame flickers in the wind,
casting a reddish glow
on the two pensive
faces of the murderers.
The older Alvargonzález
with a hoarse sigh
breaks the silence, exclaiming,
"Brother, what evil we did!"
The wind beats against the door,
rattling the shutters,
and rushes down the chimney
with a long and hollow roar.
Then silence returns,
and at intervals the wick
of the lamp sputters
in the freezing air.
The second son said, "Brother,
let's forget what's past!"

El viajero

I.

Es una noche de invierno.
Azota el viento las ramas
de los álamos. La nieve
ha puesto la tierra blanca.
Bajo la nevada, un hombre
por el camino cabalga;
va cubierto hasta los ojos,
embozado en negra capa.
Entrada en la aldea, busca
de Alvargonzález la casa,
y ante su puerta llegado,
sin echar pie a tierra, llama.

II.

Los dos hermanos oyeron
una aldabada a la puerta,
y de una cabalgadura
los cascos sobre las piedras.
Ambos los ojos alzaron
llenos de espanto y sorpresa.
"¿Quién es? ¡Responda!" gritaron.
"Miguel," respondieron fuera.
Era la voz del viajero
que partió a lejanas tierras.

The Traveler

I.

One winter night,
wind lashes the branches
of the poplars. Snow has
blanketed the earth with white.
Under the falling snow, a man
rides along the road,
covered except for his eyes,
wrapped in a black cape.
After entering the hamlet, he seeks
the Alvargonzález house,
and arriving at the door,
he knocks without dismounting.

II.

The two brothers hear
a knock at the door
and a horse's hooves
on the stones.
Both raise eyes
full of surprise and fear.
"Who is it? Answer!," they shout.
"Miguel," they hear from outside.
It was the voice of the traveler
who had gone off to distant lands.

III.

Abierto el portón, entróse
a caballo el caballero
y echó pie a tierra. Venía
todo de nieve cubierto.
En brazos de sus hermanos
lloró algún rato en silencio.
Después dio el caballo al uno,
al otro, capa y sombrero,
y en la estancia campesina
buscó el arrimo del fuego.

IV.

El menor de los hermanos,
que niño y aventurero
fue más allá de los mares
y hoy torna indiano opulento,
vestía con negro traje
de peludo terciopelo,
ajustado a la cintura
por ancho cinto de cuero.
Gruesa cadena formaba
un bucle de oro en su pecho.
Era un hombre alto y robusto,
con ojos grandes y negros
llenos de melancolía;
la tez de color moreno,
y sobre la frente comba
enmarañados cabellos;
el hijo que saca porte
señor de padre labriego,

III.

The gate opened, the rider
entered on horseback
and dismounted. He was
covered with snow.
In the arms of his brothers,
he silently wept a bit.
Then he gave the horse to one of them
and his cape and hat to the other,
and in the main room of the farmhouse
he sought the comfort of the fire.

IV.

The youngest of the brothers,
who as an adventurous boy
crossed the sea to America,
today returns a wealthy man
dressed in a black suit
made of thick velvet
and gathered at the waist
by a wide leather belt.
A heavy chain forms
a loop of gold on his chest.
He is a tall and robust man,
with big black eyes
filled with melancholy,
skin darkened by sun,
and tangled locks
that fall over his forehead.
The son of a simple farmer
bears himself proudly now,

a quien fortuna le debe
amor, poder y dinero.
De los tres Alvargonzález
era Miguel el más bello;
porque al mayor afeaba
el muy poblado entrecejo
bajo la frente mezquina,
y al segundo, los inquietos
ojos que mirar no saben
de frente, torvos y fieros.

V.

Los tres hermanos contemplan
el triste hogar en silencio;
y con la noche cerrada
arrecia el frío y el viento.
"Hermanos, ¿no tenéis leña?"
dice Miguel.
"No tenemos," responde el mayor.
Un hombre,
milagrosamente, ha abierto
la gruesa puerta cerrada
con doble barra de hierro.
El hombre que ha entrado tiene
el rostro del padre muerto.
Un halo de luz dorada
orla sus blancos cabellos.
Lleva un haz de leña al hombro
y empuña un hacha de hierro.

smiled upon by fortune's
love, power, and money.
Of the three Alvargonzález brothers,
Miguel was the best looking;
the eldest was made ugly
by bushy brows
under his low forehead,
and the second, by his restless
eyes, baleful and fierce,
that never meet anyone's gaze.

V.

The three brothers stare at
their sad hearth in silence,
and with night closing in
the cold and the wind grew bitter.
"Brothers, have you no firewood?"
asks Miguel.
"We have none," answers the elder.
Now, miraculously,
a man is opening
the heavy door barred
with a double iron rod.
The man entering has
the face of their dead father.
A halo of golden light frames his white hair.
He carries a bundle of firewood on his shoulder,
and grasps an iron ax in his fist.

El indiano

I.

De aquellos campos malditos,
Miguel a sus dos hermanos
compró una parte, que mucho
caudal de América trajo,
y aun en tierra mala, el oro
luce mejor que enterrado,
y más en mano de pobres
que oculto en orza de barro.

Diose a trabajar la tierra
con fe y tesón el indiano,
y a laborar los mayores
sus pegujales tornaron.

Ya con macizas espigas,
preñadas de rubios granos,
a los campos de Miguel
tornó el fecundo verano;
y ya de aldea en aldea
se cuenta como un milagro,
que los asesinos tienen
la maldición en sus campos.

Ya el pueblo canta una copla
que narra el crimen pasado:
"A la orilla de la fuente
lo asesinaron.
¡Qué mala muerte le dieron
los hijos malos!
En la laguna sin fondo

The Traveler Returns

I.

Miguel returned rich
from America, so he
bought a portion
of those cursed fields
from his brothers.
Even on poor soil, gold
shines brighter when used;
better put in the hands of poor people
than hidden away in a clay jar.

The returnee set to working the land
with faith and determination,
and the elder brothers went back to tending
their own small farms.

Finally, with tall wheat spikes
pregnant with golden grain, fruitful summer
returned to Miguel's fields,
and now from village to village
word goes around of a miracle
while the murderers suffer
a curse on their fields.

Soon, the villagers are singing a ballad
that tells of the old crime:
"At the edge of the spring
they slaughtered him.
What a horrible death
the bad sons gave him!
They hurled their dead father

al padre muerto arrojaron.
No duerme bajo la tierra
el que la tierra ha labrado."

II.

Miguel, con sus dos lebreles
y armado de su escopeta,
hacia el azul de los montes,
en una tarde serena,
caminaba entre los verdes
chopos de la carretera,
y oyó una voz que cantaba:
"No tiene tumba en la tierra.
Entre los pinos del valle
del Revinuesa,
al padre muerto llevaron
hasta la Laguna Negra."

La casa

I.

La casa de Alvargonzález
era una casona vieja,
con cuatro estrechas ventanas,
separada de la aldea
cien pasos y entre dos olmos
que, gigantes centinelas,
sombra le dan en verano,
y en el otoño hojas secas.

Es casa de labradores,
gente aunque rica plebeya,

into the bottomless lake.
He who worked the earth
does not sleep beneath it."

II.

Miguel, with his two hounds
and armed with his shotgun,
went walking among the green
poplars along the road
toward the blue mountains
on a calm afternoon,
and he heard a voice singing:
"He has no tomb in the earth.
Through the pines of the valley
of the Revinuesa,
they carried their dead father
up to the Black Lagoon."

The House

I.

The Alvargonzález home,
a big old house
with four narrow windows,
was set between two elms
a hundred feet from the village.
The elms, like gigantic sentinels,
provided shade in the summer,
and dry leaves in the fall.

It's a farmer's house
of well-to-do peasants,

donde el hogar humeante
con sus escaños de piedra
se ve sin entrar, si tiene
abierta al campo la puerta.

Al arrimo del rescoldo
del hogar borbollonean
dos pucherillos de barro,
que a dos familias sustentan.

A diestra mano, la cuadra
y el corral, a la siniestra,
huerto y abejar y, al fondo,
una gastada escalera,
que va a las habitaciones
partidas en dos viviendas.

Los Alvargonzález moran
con sus mujeres en ellas.
A ambas parejas que hubieron,
sin que lograrse pudieran,
dos hijos, sobrado espacio
les da la casa paterna.

En una estancia que tiene
luz al huerto, hay una mesa
con gruesa tabla de roble,
dos sillones de vaqueta,
colgado en el muro, un negro
ábaco de enormes cuentas,
y unas espuelas mohosas
sobre un arcón de madera.

where a steaming hearth
flanked by stone benches
can be seen from outside
if the door to the fields is ajar.

Two clay stewpots set among
the embers of the hearth
are kept bubbling
to sustain the two families.

To the right of the house, the stable
and the corral; to the left,
orchard and beehives, and at the back
a worn staircase
leads to the bedrooms
of the two couples.

The Alvargonzález brothers live
with their wives in these rooms.
Both couples conceived two children
but failed to bring them to term,
so there was more than ample
space in the paternal home.

In a big room that looks out
on the luminous orchard, is a sturdy table
made of oak planks
and two leather armchairs.
Hanging on the wall, a black
abacus with enormous beads,
and some rusty spurs
atop a large wooden chest.

Era una estancia olvidada
donde hoy Miguel se aposenta.
Y era allí donde los padres
veían en primavera
el huerto en flor, y en el cielo
de mayo, azul, la cigüeña
—cuando las rosas se abren
y los zarzales blanquean—
que enseñaba a sus hijuelos
a usar de las alas lentas.

Y en las noches del verano,
cuando la calor desvela,
desde la ventana al dulce
ruiseñor cantar oyeran.

Fue allí donde Alvargonzález,
del orgullo de su huerta
y del amor de los suyos,
sacó sueños de grandeza.

Cuando en brazos de la madre
vio la figura risueña
del primer hijo, bruñida
de rubio sol la cabeza,
del niño que levantaba
las codiciosas, pequeñas
manos a las rojas guindas
y a las moradas ciruelas,
o aquella tarde de otoño
dorada, plácida y buena,
él pensó que ser podría
feliz el hombre en la tierra.

Miguel has settled into
to what had been a forgotten room.
From that room, their parents
gazed at the orchard
blooming in spring,
and in the blue May sky,
—when roses are opening
and brambles turn white with flowers—
the stork would be teaching her fledglings
how to make use of their slow wings.

On summer nights
when heat kept them away
from the window, they'd hear
the sweet nightingale sing.

It was there where Alvargonzález'
dreams of greatness began, stemming
from pride in his orchard
and love of his family.

When he saw his first son
smile in his mother's arms,
his head
burnished with blond sun,
that child reaching
with his eager, tiny hands
for red cherries
and purple plums
on that autumn afternoon,
golden, peaceful and good,
he thought that man could
be happy on earth.

Hoy canta el pueblo una copla
que va de aldea en aldea:
"¡Oh casa de Alvargonzález,
qué malos días te esperan;
casa de los asesinos,
que nadie llame a tu puerta!"

II.

Es una tarde de otoño.
En la alameda dorada
no quedan ya ruiseñores;
enmudeció la cigarra.

Las últimas golondrinas,
que no emprendieron la marcha,
morirán, y las cigüeñas
de sus nidos de retamas,
en torres y campanarios,
huyeron.
      Sobre la casa
de Alvargonzález, los olmos
sus hojas que el viento arranca
van dejando. Todavía
las tres redondas acacias,
en el atrio de la iglesia,
conservan verdes sus ramas,
y las castañas de Indias
a intervalos se desgajan
cubiertas de sus erizos;
tiene el rosal rosas grana
otra vez, y en las praderas
brilla la alegre otoñada.

Today the people sing a song
that goes from village to village:
"Oh, house of Alvargonzález,
what bad days await you;
house of murderers,
may no one knock at your door!"

II.

It's an autumn afternoon
and in the golden poplars;
no nightingales remain,
the cicada is silent.

The last swallows
that didn't migrate
now will die and the storks
have fled from their nests
of twigs in spires
and belltowers.
        Above the house,
of Alvargonzález elms
drop leaves pulled loose
by the wind. Still,
the three round acacias
in the church courtyard
retain their green boughs,
and horse chestnuts
drop now and then
in their spiky husks;
the rosebush bears a second round
of crimson roses, and meadows
shine in joyous autumn sunlight.

En laderas y en alcores,
en ribazos y cañadas,
el verde nuevo y la hierba,
aún del estío quemada,
alternan; los serrijones
pelados, las lomas calvas,
se coronan de plomizas
nubes apelotonadas;
y bajo el pinar gigante,
entre las marchitas zarzas
y amarillentos helechos,
corren las crecidas aguas
a engrosar el padre río
por canchales y barrancas.

Abunda en la tierra un gris
de plomo y azul de plata
con manchas de roja herrumbre,
todo envuelto en luz violada.

¡Oh tierras de Alvargonzález,
en el corazón de España,
tierras pobres, tierras tristes,
tan tristes que tienen alma!

Páramo que cruza el lobo
aullando a la luna clara
de bosque a bosque, baldíos
llenos de peñas rodadas,
donde roída de buitres
brilla una osamenta blanca;
pobres campos solitarios
sin caminos ni posadas,
¡oh pobres campos malditos,
pobres campos de mi patria!

On hillsides and lowlands,
on slopes and in ravines,
new green grows beside
grass scorched by summer sun,
bare peaks, bald hills
and bluffs
are crowned by dense
lead-gray clouds,
and below the vast pine forest,
among whithered brambles
and yellowed ferns,
swollen waters surge
through deep valleys and ravines
to join their father Duero.

The ploughed earth
is lead gray and silver blue,
with stains of rust red,
all wrapped in violet light.

Oh, lands of Alvargonzález,
in the heart of Spain,
poor lands, sad lands,
their souls are made of sadness!

Barren lands, where roaming wolves
howl in the clear moonlight as they cross
from forest to forest through wasteland
of pitted crags and rocky fields
where, stripped clean by vultures,
a white skeleton gleams;
poor solitary fields
without roads or inns,
oh, poor cursed fields,
poor fields of my beloved land!

La tierra

I.

Una mañana de otoño,
cuando la tierra se labra,
Juan y el indiano aparejan
las dos yuntas de la casa.
Martín se quedó en el huerto
arrancando hierbas malas.

II.

Una mañana de otoño,
cuando los campos se aran,
sobre un otero, que tiene
el cielo de la mañana
por fondo, la parda yunta
de Juan lentamente avanza.

Cardos, lampazos y abrojos,
avena loca y cizaña
llenan la tierra maldita,
tenaz a pico y a escarda.

Del corvo arado de roble
la hundida reja trabaja
con vano esfuerzo; parece,
que al par que hiende la entraña
del campo y hace camino,
se cierra otra vez la zanja.

"Cuando el asesino labre
será su labor pesada;

The Land

I.

One autumn morning
during plowing season,
Juan and Miguel harnessed
their two teams of oxen.
Martín stayed in the orchard
pulling weeds.

II.

One autumn morning
during sowing season,
Juan's ox team
slowly advanced
up a hill
under a morning sky.

Thistles, burdock and burrs,
wild oats and discord
fill the cursed earth,
resistant to pick and hoe.

The curved blade
of the oak plow works
in vain; it seems that
even as it splits the field's depths
and makes headway,
the furrow closes up again.

"When the murderer toils,
his labor will be heavy;

antes que un surco en la tierra,
tendrá una arruga en su cara."

III.

Martín, que estaba en la huerta
cavando, sobre su azada
quedó apoyado un momento;
frío sudor le bañaba
el rostro.
Por el Oriente,
la luna llena manchada
de un arrebol purpurino,
lucía tras de la tapia
del huerto.
Martín tenía
la sangre de horror helada.
La azada que hundió en la tierra
teñida de sangre estaba.

IV.

En la tierra en que ha nacido
supo afincar el indiano;
por mujer a una doncella
rica y hermosa ha tomado.

La hacienda de Alvargonzález
ya es suya, que sus hermanos
todo le vendieron: casa,
huerto, colmenar y campo.

before he can open a furrow in the earth
he will have a wrinkle on his face."

III.

Martín, hoeing in the orchard,
paused for a moment,
leaning on his hoe,
his face bathed
in a cold sweat.
In the west,
a full moon stained
with a purplish red glow
was shining behind the wall
around the orchard.
Martín's blood
froze in horror.
The hoe he sank into the earth
was covered with blood.

IV.

The traveler put down roots
on the land where he was born
and took for his wife
a woman both rich and beautiful.

The whole Alvargonzález property
was now his, since his brothers
sold it all to him: house,
orchard, beehives, and fields.

Los asesinos

I.

Juan y Martín, los mayores
de Alvargonzález, un día
pesada marcha emprendieron
con el alba, Duero arriba.

La estrella de la mañana
en el alto azul ardía.
Se iba tiñendo de rosa
la espesa y blanca neblina
de los valles y barrancos,
y algunas nubes plomizas
a Urbión, donde el Duero nace,
como un turbante ponían.

Se acercaban a la fuente.
El agua clara corría,
sonando cual si contara
una vieja historia, dicha
mil veces y que tuviera
mil veces que repetirla.

Agua que corre en el campo
dice en su monotonía:
"Yo sé el crimen, ¿no es un crimen
cerca del agua, la vida?"

Al pasar los dos hermanos
relataba el agua limpia:
"A la vera de la fuente
Alvargonzález dormía."

The Murderers

I.

Juan and Martín, the elder
Alvargonzález brothers, set out
one day on a grim march
at dawn, heading up the Duero.

The morning star
burned high in the blue sky.
Gradually the thick white mist
of valleys and ravines
was tinted with rose,
and some leaden clouds
over Urbión, at the headwaters of the Duero,
arranged themselves like a turban.

As they drew near the spring,
they heard the clear water running,
sounding as if it were telling
an old tale, already retold
a thousand times, that it would
repeat a thousand times more.

The stream running through the countryside
monotonously recites:
"I know the crime, wasn't it a crime
to take a life there by the water?"

As the two brothers passed,
the clean water said,
"By the edge of the spring
Alvargonzález was sleeping."

II.
"Anoche, cuando volvia
a casa," Juan a su hermano
dijo, "a la luz de la luna
era la huerta un milagro.

Lejos, entre los rosales,
divisé un hombre inclinado
hacia la tierra; brillaba
una hoz de plata en su mano.

Después irguióse y, volviendo
el rostro, dio algunos pasos
por el huerto, sin mirarme,
y a poco lo vi encorvado
otra vez sobre la tierra.
Tenía el cabello blanco.
La luna llena brillaba,
y era la huerta un milagro."

III.

Pasado habían el puerto
de Santa Inés, ya mediada
la tarde, una tarde triste
de noviembre, fría y parda.
Hacia la Laguna Negra
silenciosos caminaban.

II.

"Last night, when I was returning
home," Juan told his brother,
"by moonlight, I saw
a miracle in the orchard.

In the distance among the rosebushes,
I saw a man bending
toward the earth,
a silver sickle gleaming in his hand.

Then he straightened up and turned
his face, took a few steps
through the orchard, without looking at me,
and shortly after, I saw him walking, stooped
again, over the earth.
His hair was white.
The full moon was shining,
and there was a miracle in the orchard."

III.

They passed the port
of Saint Inés by the middle
of the afternoon, a sad
November afternoon, cold and dreary.
They trudged silently
toward the Black Lagoon.

IV.

Cuando la tarde caía,
entre las vetustas hayas
y los pinos centenarios,
un rojo sol se filtraba.

Era un paraje de bosque
y peñas aborrascadas;
aquí bocas que bostezan
o monstruos de fieras garras;
allí una informe joroba,
allá una grotesca panza,
torvos hocicos de fieras
y dentaduras melladas,
rocas y rocas, y troncos
y troncos, ramas y ramas.
En el hondón del barranco
la noche, el miedo y el agua.

V.

Un lobo surgió, sus ojos
lucían como dos ascuas.
Era la noche, una noche
húmeda, obscura y cerrada.

Los dos hermanos quisieron
volver. La selva ululaba.
Cien ojos fieros ardían
en la selva, a sus espaldas.

IV.

As afternoon waned
among ancient beeches
and age-old pines,
a red sun came filtering in.

It was a place of forests
and stormy crags;
here, yawning mouths,
or monsters with ferocious claws,
there, a shapeless humpback,
a grotesque belly,
nasty snouts of wild beasts
with rows of jagged teeth,
rocks and more rocks, tree trunks
and more trunks, branches and more branches.
In the hollow of the ravine,
night, fear, and water.

V.

A wolf leapt out, his eyes
glowing like two embers.
It was night, a damp night,
dark and close.

The two brothers tried to turn
back. The forest howled.
The eyes of a hundred beasts burned
in the forest behind them.

VI.

Llegaron los asesinos
hasta la Laguna Negra,
agua transparente y muda
que enorme muro de piedra,
donde los buitres anidan
y el eco duerme, rodea;
agua clara donde beben
las águilas de la sierra,
donde el jabalí del monte
y el ciervo y el corzo abrevan;
agua pura y silenciosa
que copia cosas eternas,
agua impasible que guarda
en su seno las estrellas.
¡Padre!, gritaron; al fondo
de la laguna serena
cayeron, y el eco ¡padre!
repitió de peña en peña.

VI.

The murderers reached
the Black Lagoon's
transparent water, silent
as the great wall that enclosed it,
where vultures nest
and the echo sleeps;
clear water where
mountain eagles drink
and where wild boar,
stag and doe quench their thirst;
pure and silent water
that reflects eternal things;
impassive water that holds
the stars in its breast.
"Father!" they cried as they plunged
to the bottom of the calm
lagoon, and the echo, "Father!"
boomed from rock to rock.

A un olmo seco

Al olmo viejo, hendido por el rayo
y en su mitad podrido,
con las lluvias de abril y el sol de mayo,
algunas hojas verdes le han salido.

¡El olmo centenario en la colina
que lame el Duero! Un musgo amarillento
le mancha la corteza blanquecina
al tronco carcomido y polvoriento.

No será, cual los álamos cantores
que guardan el camino y la ribera,
habitado de pardos ruiseñores.

Ejército de hormigas en hilera
va trepando por él, y en sus entrañas
urden sus telas grises las arañas.

Antes que te derribe, olmo del Duero,
con su hacha el leñador, y el carpintero
te convierta en melena de campana,
lanza de carro o yugo de carreta;
antes que rojo en el hogar, mañana,
ardas de alguna mísera caseta,
al borde de un camino;
antes que te descuaje un torbellino
y tronche el soplo de las sierras blancas;
antes que el río hasta la mar te empuje
por valles y barrancas,
olmo, quiero anotar en mi cartera
la gracia de tu rama verdecida.
Mi corazón espera
también, hacia la luz y hacia la vida,
otro milagro de la primavera.

Soria, 1912

To A Dry Elm

The old elm, split by lightning
and half rotted
with April rain and May sun,
has sprouted a few green leaves.

The hundred-year-old elm on a hill
lapped by the Duero! A yellowish moss
stains the bleached bark
of the crumbling, worm-eaten trunk.

Unlike the singing poplars
that guard roads and riverbanks,
it won't be a home to nightingales.

An army of ants in a single line
climbs up its side and spiders weave
their gray webs in its hollowed core.

Elm by the Duero, before you are felled
by the woodman's ax and the carpenter
transforms you into a bell tower,
a wagon axle or cart's yoke;
before you are a red flame on
tomorrow's hearth in some poor cottage
along the side of the road;
before a whirlwind uproots you,
and the wind from the white sierras snaps you;
before the river pushes you to the sea
through valleys and ravines,
elm, I want to note
the grace of your greening branch.
My heart also waits in hope,
turned toward light and life,
for another miracle of spring.

Soria, 1912

Recuerdos

¡Oh, Soria, cuando miro los frescos naranjales
cargados de perfume, y el campo enverdecido,
abiertos los jazmines, maduros los trigales,
azules las montañas y el olivar florido;
Guadalquivir corriendo al mar entre vergeles;
y al sol de abril los huertos colmados de azucenas,
y los enjambres de oro, para libar sus mieles
dispersos en los campos, huir de sus colmenas;
yo sé la encina roja crujiendo en tus hogares,
barriendo el cierzo helado tu campo empedernido;
y en sierras agrias sueño—¡Urbión, sobre pinares!
¡Moncayo blanco, al cielo aragonés, erguido!—
Y pienso: Primavera, como un escalofrío
irá a cruzar el alto solar del romancero,
ya verdearán de chopos las márgenes del río.
¿Dará sus verdes hojas el olmo aquel del Duero?
Tendrán los campanarios de Soria sus cigüeñas,
y la roqueda parda más de un zarzal en flor;
ya los rebaños blancos, por entre grises peñas,
hacia los altos prados conducirá el pastor.

¡Oh, en el azul, vosotras, viajeras golondrinas
que vais al joven Duero, rebaños de merinos,
con rumbo hacia las altas praderas numantinas,
por las cañadas hondas y al sol de los caminos;
hayedos y pinares que cruza el ágil ciervo,
montañas, serrijones, lomazos, parameras,
en donde reina el águila, por donde busca el cuervo
su infecto expoliario; menudas sementeras
cual sayos cenicientos, casetas y majadas
entre desnuda roca, arroyos y hontanares
donde a la tarde beben las yuntas fatigadas,
dispersos huertecillos, humildes abejares!...

Memories

Oh, Soria, I see blooming orange groves
heavy with perfume, green countryside,
jasmines open, wheat fields ripe,
mountains blue, and olive groves in flower;
the Guadalquivir flowing to the sea between orchards,
gardens crammed with lilies in the April sun,
and golden swarms fleeing their hives
to feast on flowers scattered in the field.
I know the red oak crackling on your hearths,
the icy North wind sweeping your rock-hard fields,
and dream of desolate mountain peaks—Urbión, above pine forests,
white Moncayo, reaching up to the Aragonese sky!
I think how spring, like a shiver,
will cross the high homeland of the ballads.
Soon willows along the riverbanks will turn green.
Will that elm by the Duero send out green leaves?
Storks will return to the belltowers of Soria,
and in that dusky rocky place, the brier patch will flower;
the shepherd will already be leading his white flocks
between gray peaks toward high pastures.

Oh, in the blue, you swallows travel,
flying to the headwaters of the Duero, flocks of sheep
climb toward the high meadows of Numancia,
through deep canyons and roads in the sun;
agile deer cross beech and pine forests,
mountains, ridges, hillsides, high plateaus
where eagles reign, where crows search
for rotting spoils; narrow strips of fields
with ash-black patches, huts and sheepfolds;
set among bare rock, brooks, and springs
where the tired ox teams drink in the afternoon,
small scattered vegetable gardens, humble beehives!...

¡Adiós, tierra de Soria; adiós el alto llano
cercado de colinas y crestas militares,
alcores y roquedas del yermo castellano,
fantasmas de robledos y sombras de encinares!

En la desesperanza y en la melancolía
de tu recuerdo, Soria, mi corazón se abreva.
Tierra de alma, toda, hacia la tierra mía,
por los floridos valles, mi corazón te lleva.

En el tren—Abril 1912

Farewell, land of Soria; farewell to the high plain
surrounded by hills and military crests,
pits and rocky fields of the Castilian wasteland,
phantom oak groves and shadows of live oaks.

In the despair and melancholy
of your memory, Soria, my heart weeps.
Land that fills my soul, as I head for my land
through flowering valleys, I carry you in my heart.

On the train—April 1912

Al maestro "Azorín" por su libro Castilla

La venta de Cidones está en la carretera
que va de Soria a Burgos. Leonarda, la ventera,
que llaman la Ruipérez, es una viejecita
que aviva el fuego donde borbolla la marmita.
Ruipérez, el ventero, un viejo diminuto
—bajo las cejas grises, dos ojos de hombre astuto—,
contempla silencioso la lumbre del hogar.
Se oye la marmita al fuego borbollar.
Sentado ante una mesa de pino, un caballero
escribe. Cuando moja la pluma en el tintero,
dos ojos tristes lucen en un semblante enjuto.
El caballero es joven, vestido va de luto.
El viento frío azota los chopos del camino.
Se ve pasar de polvo un blanco remolino.
La tarde se va haciendo sombría. El enlutado,
la mano en la mejilla, medita ensimismado.
Cuando el correo llegue, que el caballero aguarda,
la tarde habrá caído sobre la tierra parda
de Soria. Todavía los grises serrijones,
con ruinas de encinares y mellas de aluviones,
las lomas azuladas, las agrias barranqueras,
picotas y colinas, ribazos y laderas
del páramo sombrío por donde cruza el Duero,
darán al sol de ocaso su resplandor de acero.
La venta se obscurece. El rojo lar humea.
La mecha de un mohoso candil arde y chispea.
El enlutado tiene clavados en el fuego
los ojos largo rato; se los enjuga luego
con un pañuelo blanco. ¿Por qué le hará llorar
el son de la marmita, el ascua del hogar?
Cerró la noche. Lejos se escucha el traqueteo
y el galopar de un coche que avanza. Es el correo.

To the Great "Azorín" for His Book Castile

The Cidones inn is on the main road
that runs from Soria to Burgos. Leonarda, the innkeeper
called "la Ruipérez," is an old woman
who stirs the fire where the kettle bubbles.
Ruipérez, the tiny old man in charge of the inn,
—beneath his gray brows, the eyes of a perceptive man—
silently contemplates the glowing hearth.
You can hear the kettle bubbling on the fire.
Sitting at a pine table, a gentleman
writes. When he dips his pen into the inkwell,
two sad eyes gleam in a gaunt face.
The gentleman is young and dressed in mourning.
The cold wind whips black poplars along the road.
A white whirl of dust blows about.
The afternoon darkens. The man in mourning,
hand on his cheek, is absorbed in his thoughts.
By the time the mail the gentleman awaits arrives,
evening will have fallen over Soria's
brown earth. The gray mountain ridges
with their ruins of oak groves and stony gaps,
blue-tinged hillsides, bitter ravines,
gullies and fills, steep banks and slopes
of the somber high plain traversed by the Duero
will still give the setting sun its steel glow.
The inn grows dark. The red hearth smoulders,
the wick of a moldy candle burns and sputters.
The man in mourning has his eyes
glued to the fire for a long time; then he wipes them
with a white handkerchief. Why have the sounds of the kettle,
the embers of the hearth, made him weep?
Night has fallen. In the distance the clatter
and gallop of a coach approaching. It is the mail.

Caminos

De la ciudad moruna
tras las murallas viejas,
yo contemplo la tarde silenciosa,
a solas con mi sombra y con mi pena.

El río va corriendo,
entre sombrías huertas
y grises olivares,
por los alegres campos de Baeza.

Tienen las vides pámpanos dorados
sobre las rojas cepas.
Guadalquivir, como un alfanje roto
y disperso, reluce y espejea.

Lejos, los montes duermen
envueltos en la niebla,
niebla de otoño, maternal; descansan
las rudas moles de su ser de piedra
en esta tibia tarde de noviembre,
tarde piadosa, cárdena y violeta.

El viento ha sacudido
los mustios olmos de la carretera,
levantando en rosados torbellinos
el polvo de la tierra.
La luna está subiendo
amoratada, jadeante y llena.

Los caminitos blancos
se cruzan y se alejan,
buscando los dispersos caseríos
del valle y de la sierra.
Caminos de los campos...
¡Ay, ya no puedo caminar con ella!

Roads

From the Moorish city
behind old ramparts,
I contemplate the silent afternoon,
alone with my shadow and my grief.

The river flows
between shady orchards
and gray olive groves
through the joyful fields of Baeza.

The golden tendrils of grapevines
grow over red trunks.
The Guadalquivir, like a mirror broken,
glitters and reflects.

Far off, mountains sleep
wrapped in mist,
maternal autumn haze; soft rue
rests from its life in stone
on this warm November evening,
balmy evening, mauve and violet.

Wind has shaken
withered elms along the highway,
lifting the dust of the land
in rosy whirlwinds.
The moon is rising
purple, glimmering, and full.

White paths
crisscross and wander off,
seeking scattered villages
in valleys and mountains.
Trails through fields...
Alas, I can no longer walk with her!

Señor, ya me arrancaste lo que yo más quería.
Oye otra vez, Dios mío, mi corazón clamar.
Tu voluntad se hizo, Señor, contra la mía.
Señor, ya estamos solos mi corazón y el mar.

Dice la esperanza: un día
la verás, si bien esperas.
Dice la desesperanza:
sólo tu amargura es ella.
Late, corazón...No todo
se lo ha tragado la tierra.

Allá, en las tierras altas,
por donde traza el Duero
su curva de ballesta
en torno a Soria, entre plomizos cerros
y manchas de raídos encinares,
mi corazón está vagando, en sueños...

¿No ves, Leonor, los álamos del río
con sus ramajes yertos?
Mira el Moncayo azul y blanco; dame
tu mano y paseemos.
Por estos campos de la tierra mía,
bordados de olivares polvorientos,
voy caminando solo,
triste, cansado, pensativo y viejo.

Lord, you've already torn from me what I loved most.
Listen once again, my God, to my heart crying out.
Your will was done, Lord, against my own.
Lord, now we are alone, my heart and the sea.

Hope says: one day
you will see her, if you will only wait.
Despair says:
all you have left of her is your bitterness.
Beat, heart...The earth
has not swallowed everything.

There on the high plains
where the Duero draws
its crossbow curve
around Soria, between leaden hills
and patches of scrub oak,
my heart is wandering in dreams...

Leonor, don't you see the poplars by the river
with their stiff branches?
Look at Moncayo, so blue and white; give me
your hand, let's walk.
Through the fields of my homeland,
embroidered with dusty olive trees,
I walk alone,
sad, pensive, tired and old.

Soñe que tú me llevabas
por una blanca vereda,
en medio del campo verde,
hacia el azul de las sierras,
hacia los montes azules,
una mañana serena.

Sentí tu mano en la mía,
tu mano de compañera,
tu voz de niña en mi oído
como una campana nueva,
como una campana virgen
de un alba de primavera.
¡Eran tu voz y tu mano.
en sueños, tan verdaderas!...
Vive, esperanza, ¡quién sabe
lo que se traga la tierra!

I dreamed you were leading me
along a white path
through green countryside
toward blue mountains,
toward blue peaks
one serene morning.

I felt your hand in mine,
your loving hand,
your young voice in my ear
like a new bell,
a virgin bell
in the early spring dawn.
Your voice, your hand,
so real in my dream!...
Stay alive, hope, who knows
what the earth will swallow!

Una noche de verano
—estaba abierto el balcón
y la puerta de mi casa—
la muerte en mi casa entró.
Se fue acercando a su lecho
—ni siquiera me miró—,
con unos dedos muy finos,
algo muy tenue rompió.
Silenciosa y sin mirarme,
la muerte otra vez pasó
delante de mí. ¿Qué has hecho?
La muerte no respondió.
Mi niña quedó tranquila,
dolido mi corazón.
¡Ay, lo que la muerte ha roto
era un hilo entre los dos!

One summer night
—the door of my house
and my balcony were open—
death entered my home.
He approached her bed,
not even glancing at me
and with such thin fingers
he broke something very fragile.
Silent, without looking at me,
Death passed by again.
What have you done?
Death did not answer.
My young wife remained tranquil,
my heart ached.
Alas, what death has broken
was a thread between us!

Al borrarse la nieve, se alejaron
los montes de la sierra.
La vega ha verdecido
al sol de abril, la vega
tiene la verde llama,
la vida, que no pesa;
y piensa el alma en una mariposa,
atlas del mundo, y sueña.
Con el ciruelo en flor y el campo verde,
con el glauco vapor de la ribera,
en torno de las ramas,
con las primeras zarzas que blanquean,
con este dulce soplo
que triunfa de la muerte y de la piedra,
esta amargura que me ahoga fluye
en esperanza de Ella...

With the melting snow, the mountains
of the sierra grow remote.
The meadow turns green
in the April sun, the meadow
has the weightless green flame
that is life,
and the soul imagines a butterfly,
a map of the world, and it dreams.
With flowering plum tree and green field,
with the gauzy mist of the shore
caught in the branches,
with the first whitening blackberries,
with this soft wind
that triumphs over death and stone,
this bitterness suffocating me flows out
in hope of Her...

En estos campos de la tierra mía,
y extranjero en los campos de mi tierra
—yo tuve patria donde corre el Duero
por entre grises peñas,
y fantasmas de viejos encinares,
allá en Castilla, mística y guerrera,
Castilla la gentil, humilde y brava,
Castilla del desdén y de la fuerza—,
en estos campos de mi Andalucía,
¡oh, tierra en que nací!, cantar quisiera.
Tengo recuerdos de mi infancia, tengo
imágenes de luz y de palmeras,
y en una gloria de oro,
de lueñes campanarios con cigüeñas,
de ciudades con calles sin mujeres
bajo un cielo de añil, plazas desiertas
donde crecen naranjos encendidos
con sus frutas redondas y bermejas;
y en un huerto sombrío, el limonero
de ramas polvorientas
y pálidos limones amarillos,
que el agua clara de la fuente espeja,
un aroma de nardos y claveles
y un fuerte olor de albahaca y hierbabuena;
imágenes de grises olivares
bajo un tórrido sol que aturde y ciega,
y azules y dispersas serranías
con arreboles de una tarde inmensa;
mas falta el hilo que el recuerdo anuda
al corazón, el ancla en su ribera,
o estas memorias no son alma. Tienen,
en sus abigarradas vestimentas,
señal de ser despojos del recuerdo,
la carga bruta que el recuerdo lleva.
Un día tornarán, con luz del fondo ungidos,
los cuerpos virginales a la orilla vieja.

—*Lora del Rio · 4 abril 1913*

In the landscape of my native land,
a stranger in my own fields,
—I had a homeland where the Duero
flows between gray cliffs
and the ghosts of ancient oaks,
there in Castile, mystic and warlike,
graceful Castile, humble and boastful,
Castile of arrogance and power,
in the fields of Andalusia
where I was born, I long to sing!
My childhood memories are here,
images of palm trees and sun
against a golden brilliance,
distant bell towers with storks,
city streets without women
under an indigo sky, deserted squares
where blazing orange trees ripen
with round vermillon fruit,
and in a shady garden, the dusty branches
of a lemon tree, pale yellow lemons
reflected in the clear water of the fountains.
The scent of lilies and carnations,
pungent odor of basil and mint.
Images of gloomy olive groves
under a torrid sun that blinds and dazes,
winding blue mountain ranges
under the red glow of an immense afternoon;
but if the thread that links memory to the heart
is missing, the anchor to the shore,
these memories are souless.
In their ragged dress,
they are remnants of memory,
castoffs the mind drags along.
One day, anointed with light from below,
our virginal bodies will return to their ancient shore.

—Lora del Rio · April 4, 1913

A José María Palacio

Palacio, buen amigo,
¿está la primavera
vistiendo ya las ramas de los chopos
del río y los caminos? En la estepa
del alto Duero, Primavera tarda,
¡pero es tan bella y dulce cuando llega!...
¿Tienen los viejos olmos
algunas hojas nuevas?
Aún las acacias estarán desnudas
y nevados los montes de las sierras.
¡Oh, mole del Moncayo blanca y rosa,
allá, en el cielo de Aragón, tan bella!
¿Hay zarzas florecidas
entre las grises peñas,
y blancas margaritas
entre la fina hierba?
Por esos campanarios
ya habrán ido llegando las cigüeñas.
Habrá trigales verdes,
y mulas pardas en las sementeras,
y labriegos que siembran los tardíos
con las lluvias de abril. Ya las abejas
libarán del tomillo y el romero.
¿Hay ciruelos en flor? ¿Quedan violetas?
Furtivos cazadores, los reclamos
de la perdiz bajo las capas luengas,
no faltarán. Palacio, buen amigo,
¿tienen ya ruiseñores las riberas?
Con los primeros lirios
y las primeras rosas de las huertas,
en una tarde azul, sube al Espino,
al alto Espino donde está su tierra...

Baeza, 29 de abril 1913

174

To José María Palacio

Palacio, dear friend,
does spring already
clothe the poplar branches
by the river and the roads? On the steppes
of the upper Duero, spring comes late,
but is beautiful and sweet when it arrives!
Do the old elms
have a few new leaves?
The acacias must still be bare,
the sierra peaks snowy.
Oh, massive Moncayo, white and pink,
beautiful against the sky of Aragon!
Are brambles blooming
among the gray rocks,
white daisies among
tufts of new spring grass?
Storks must be returning now
to those belfries.
Wheat must be greening
and brown mules working the furrowed fields,
farmers sowing late crops
with the April rains. By now the bees
are sipping rosemary and thyme.
Are plum trees blossoming? Do violets remain?
There will be no shortage
of stealthy hunters with partridge lures
under their long capes. Palacio, dear friend,
are there already nightingales on the riverbanks?
When the first lilies open
and the first roses are in the garden,
climb to Espino on a blue afternoon.
High on Espino, where her plot is...

Baeza, April 29, 1913

Otro viaje

Ya en los campos de Jaén,
amanece. Corre el tren
por sus brillantes rieles,
devorando matorrales,
alcaceles,
terraplenes, pedregales,
olivares, caseríos,
praderas y cardizales,
montes y valles sombríos.
Tras la turbia ventanilla,
pasa la devanadera
del campo de primavera.
La luz en el techo brilla
de mi vagón de tercera.
Entre nubarrones blancos,
oro y grana;
la niebla de la mañana
huyendo por los barrancos.
¡Este insomne sueño mío!
¡Este frío
de un amanecer en vela!...
Resonante,
jadeante,
marcha el tren. El campo vuela.
Enfrente de mí, un señor
sobre su manta dormido;
un fraile y un cazador
—el perro a sus pies tendido—.
Yo contemplo mi equipaje,
mi viejo saco de cuero;
y recuerdo otro viaje
hacia las tierras del Duero.
Otro viaje de ayer
por la tierra castellana,

Another Journey

The sun is rising now
on the fields of Jaén. The train
runs along its shiny rails
devouring scrubby brush,
barley fields,
embankments, stony areas,
olive groves, farmhouses,
meadows and thistle fields,
mountains and somber valleys.
Through the blurry window
I watch a moving panorama
of the springtime countryside.
Light shines on the ceiling
of my third-class car.
Gold and deep red
between big white clouds,
the morning mist
flees through ravines.
My unsleeping dream!
This cold
of a sleepless dawn!...
Resonant,
puffing,
the train advances. The countryside flies by.
In front of me, a man
asleep on his cloak;
a priest and a hunter
—his dog stretched out at his feet.
I contemplate my baggage,
my old leather sack,
and remember another journey
toward the lands of the Duero.
Another journey of yesterday
through the land of Castile

—¡pinos del amanecer
entre Almazán y Quintana!—
¡Y alegría
de un viajar en compañía!
¡Y la unión
que ha roto la muerte un día!
¡Mano fría
que aprietas mi corazón!
Tren, camina, silba, humea,
acarrea
tu ejército de vagones,
ajetrea
maletas y corazones.
Soledad,
sequedad.
Tan pobre me estoy quedando,
que ya ni siquiera estoy
conmigo, ni sé si voy
conmigo a solas viajando.

—pines at dawn
between Almazán and Quintana.
The happiness
of a journey in company!
And the union
death shattered one day!
Cold hand
that squeezes my heart!
Train, keep moving, whistle, smoke,
lug along
your army of cars,
rush along
suitcases and hearts.
Solitude,
dryness.
I have become so wretched
I'm not even myself,
nor know if I go with
myself as I travel alone.

Poema de un día

Meditaciones rurales

Heme aquí ya, profesor
de lenguas vivas (ayer
maestro de gay-saber,
aprendiz de ruiseñor)
en un pueblo húmedo y frío,
destartalado y sombrío,
entre andaluz y manchego.
Invierno. Cerca del fuego.
Fuera llueve un agua fina,
que ora se trueca en neblina,
ora se torna aguanieve.
Fantástico labrador,
pienso en los campos. ¡Señor,
qué bien haces! Llueve, llueve
tu agua constante y menuda
sobre alcaceles y habares,
tu agua muda,
en viñedos y olivares.
Te bendecirán conmigo
los sembradores del trigo;
los que viven de coger
la aceituna;
los que esperan la fortuna
de comer;
los que hogaño,
como antaño,
tienen toda su moneda
en la rueda,
traidora rueda del año.
¡Llueve, llueve; tu neblina
que se torne en aguanieve,
y otra vez en agua fina!

One Day's Poem

Rural Reflections

Here I am, a teacher
of modern languages
(previously a master of poetry,
apprentice to a nightingale)
in a cold, damp town,
sprawling and somber,
part Andalusian, part La Mancha.
Winter. By the fire.
Outside a drizzle is falling,
sometimes thinning to mist,
other times turning to sleet.
I picture myself a farmer
and think of planted fields. Lord,
how good of you! It's raining, raining,
the steady sprinkle of your rains
falling soundlessly
on fields of barley and bean,
on olive groves and vineyards.
Many of us will bless you—
those sowing wheat,
those whose work
is olive picking,
whose hope in life
is enough to eat;
those who now, as always,
place all their money
on the wheel,
the treacherous roulette
of the seasons.
It's raining, raining! May your mist
turn to sleet
and back to drizzle!

¡Llueve, Señor, llueve, llueve!

En mi estancia, iluminada
por esta luz invernal,
—la tarde gris tamizada
por la lluvia y el cristal–,
sueño y medito.
                    Clarea
el reloj arrinconado,
y su tic-tic, olvidado
por repetido, golpea.
Tic-tic, tic-tic... Ya te he oído.
Tic-tic, tic-tic... Siempre igual,
monótono y aburrido.
Tic-tic, tic-tic, el latido
de un corazón de metal.
En estos pueblos, ¿se escucha
el latir del tiempo? No.
En estos pueblos se lucha
sin tregua con el reló,
con esa monotonía,
que mide un tiempo vacío.
Pero ¿tu hora es la mía?
¿Tu tiempo, reloj, el mío?
(Tic-tic, tic-tic)...Era un día
(tic-tic, tic-tic) que pasó,
y lo que yo más quería
la muerte se lo llevó.

Lejos suena un clamoreo
de campanas...
Arrecia el repiqueteo
de la lluvia en las ventanas.
Fantástico labrador,

Raining; Lord, raining, raining!

In my room, suffused
with winter light
—gray afternoon that seeps
through rain and windowpane—
I meditate and dream.
The neglected clock
gleams in the corner,
ticking steadily away,
on and on, till one forgets it.
Tick-tock, tick-tock... Yes, I hear you.
Tick-tock, tick-tock... Always the same,
boring and monotonous.
Tick-tock, tick-tock, the pulsing
of its metal heart.
Does anyone hear the pulse of time
in these towns? No.
In these towns people battle
relentlessly with the clock,
with the monotony
that measures time as emptiness.
But is your hour the same as mine?
Clock, is your time mine?
Tick-tock, tick-tock... On a day
(tick-tock, tick-tock) now past
what I cared about most
death took away.

In the distance,
bells tolling...
The splatter of rain
on the windows grows louder.
I picture myself a farmer,

vuelvo a mis campos. ¡Señor,
cuánto te bendecirán
los sembradores del pan!
Señor, ¿no es tu lluvia ley,
en los campos que ara el buey,
y en los palacios del rey?
¡Oh, agua buena, deja vida
en tu huída!
¡Oh, tú que vas gota a gota,
fuente a fuente y río a río,
como este tiempo de hastío
corriendo a la mar remota,
con cuanto quiere nacer,
cuanto espera
florecer
al sol de la primavera,
sé piadosa,
que mañana
serás espiga temprana,
prado verde, carne rosa,
y más: razón y locura
y amargura
de querer y no poder
creer, creer y creer!

Anochece;
el hilo de la bombilla
se enrojece,
luego brilla,
resplandece,
poco más que una cerilla.
Dios sabe dónde andarán
mis gafas...entre librotes,
revistas y papelotes,

returning to my fields.
Lord, how those who grow wheat
for bread will bless you!
Lord, doesn't your rain rule
in fields the oxen plow
and in the palaces of kings?
Oh, good water, leave life
behind you!
Oh, you who go drop by drop,
spring by spring, river by river,
like this monotonous time,
flowing to the distant sea
with all that wishes to be born.
With all that awaits
blooming
in the spring light,
be merciful
for tomorrow
you'll be an early sprout,
rosy flesh, green field
and more: reason, madness,
and the bitterness
of loving and not being able
to believe, believe, believe!

Nightfall.
In the light bulb
the filament grows red,
brightens,
glows,
scarcely brighter than a match.
Lord knows where my glasses
have gone... In this welter
of books, reviews, old papers,

¿quién las encuentra?... Aquí están.
Libros nuevos. Abro uno
de Unamuno.
¡Oh, el dilecto,
predilecto
de esta España que se agita,
porque nace o resucita!
Siempre te ha sido, ¡oh Rector
de Salamanca!, leal
este humilde profesor
de un instituto rural.
Esa tu filosofía
que llamas diletantesca,
voltaria y funambulesca,
gran Don Miguel, es la mía.
Agua del buen manantial,
siempre viva,
fugitiva;
poesía, cosa cordial.
¿Constructora?
—No hay cimiento
ni en el alma ni en el viento—.
Bogadora,
marinera,
hacia la mar sin ribera.
Enrique Bergson: *Los datos
inmediatos
de la conciencia*. ¿Esto es
otro embeleco francés?
Este Bergson es un tuno;
¿verdad, maestro Unamuno?
Bergson no da como aquel
Immanuel
el volatín inmortal;

how could anyone find them?... Here they are.
New books. I open one
by Unamuno.
Oh, the favorite,
the idol
of this Spain, turbulent
in birth or rebirth.
This humble teacher
in a country school
has always been loyal to you,
oh rector of Salamanca!
That philosophy of yours,
which you call dilettantish,
inconsistent, walking tightropes,
is mine as well, Don Miguel.
Water from true springs
always fresh,
ever slipping past;
poetry, flowing from the heart.
A philosophy to build on?
There is no solid ground
in the spirit or the wind.
Only a rower
ready to sail
toward a shoreless sea.
Henri Bergson:
The Immediate
Data of Consciousness. Is this
another of those French tricks?
This Bergson is a rascal,
wouldn't you say, Master Unamuno?
He can't perform
like that Immanuel,
the immortal handspring.

este endiablado judío
ha hallado el libre albedrío
dentro de su mechinal.
No está mal:
cada sabio, su problema,
y cada loco, su tema.
Algo importa
que en la vida mala y corta
que llevamos
libres o siervos seamos;
mas, si vamos
a la mar,
lo mismo nos han de dar.
¡Oh, estos pueblos! Reflexiones,
lecturas y acotaciones
pronto dan en lo que son:
bostezos de Salomón.
¿Todo es
soledad de soledades,
vanidad de vanidades,
que dijo el Eclesiastés?
Mi paraguas, mi sombrero,
mi gabán... El aguacero
amaina... Vámonos, pues.

Es de noche. Se platica
al fondo de una botica.
"Yo no sé,
Don José,
cómo son los liberales
tan perros, tan inmorales."
"¡Oh, tranquilícese usté!
Pasados los carnavales,
vendrán los conservadores,

This devilish Jew
has discovered free will
inside his own four walls.
Not bad at all:
each thinker with his pet idea,
each madman his pet folly.
In this life of ours,
troublesome and short,
it matters some
whether we're slave or free.
Yet if we're bound
for the sea,
it's all the same in the end.
Oh, these country towns! Reflections,
readings, commentaries
soon are revealed for what they are:
Solomon's yawns.
Isn't everything
a solitude of solitudes,
a vanity of vanities,
as Ecclesiastes said?
My hat, my umbrella,
my overcoat...The shower
is letting up... Let's go.

It's night. People are talking
at the back of the drugstore.
"I just don't know,
don José,
what makes the liberals that way,
so beastly and immoral."
"Oh, never fear.
When the carnival is over,
the conservatives will be here,

buenos administradores
de su casa.
Todo llega y todo pasa.
Nada eterno:
ni gobierno
que perdure,
ni mal que cien años dure."
"Tras estos tiempos, vendrán
otros tiempos y otros y otros,
y lo mismo que nosotros
otros se jorobarán.
Así es la vida, Don Juan."
"Es verdad, así es la vida."
"La cebada está crecida."
"Con estas lluvias..."
                              "Y van
las habas que es un primor."
"Cierto; para marzo, en flor.
Pero la escarcha, los hielos..."
"Y además, los olivares
están pidiendo a los cielos
agua a torrentes."
                        "A mares.
¡Las fatigas, los sudores
que pasan los labradores!
En otro tiempo..."
                        "Llovía
también cuando Dios quería."
"Hasta mañana, señores."
Tic-tic, tic-tic...Ya pasó
un día como otro día,
dice la monotonía
del reló.

those good administrators
of their house.
Everything comes and everything goes.
Nothing is eternal:
no government
endures,
bad times don't last forever."
"After these times come
other times and others and others,
and other people will be fuming
just like we are.
That's how it goes, Don Juan."
"That's true, that's how it goes."
"The barley's getting tall."
"With all this rain..."
        "And the beans
are growing like mad."
"True. By March they'll be in bloom,
barring a frost or freeze..."
"And besides, the olive groves
are begging heaven
for a soaking."
        "For a deluge.
What farmers have to go through—
all the toil and sweat!
In the old days..."
        "It rained
when God willed it, then, too."
"See you tomorrow, gentlemen."
Tick-tock, tick-tock. Another day
gone by, like all the rest:
the monotony
of the clock.

Sobre mi mesa *Los datos*
de la conciencia, inmediatos.
No está mal
este yo fundamental,
contingente y libre, a ratos,
creativo, original;
este yo que vive y siente
dentro la carne mortal
¡ay! por saltar impaciente
las bardas de su corral.

Baeza, 1913

On my desk *The Immediate
Data of Consciousness* at hand.
Not bad,
this basic self,
sometimes dependent, sometimes free,
creative, original
this self that lives and feels
within mortal flesh
and, alas, so anxious to jump
the fences of its corral!

Baeza 1913

Noviembre 1913

Un año más. El sembrador va echando
la semilla en los surcos de la tierra.
Dos lentas yuntas aran,
mientras pasan las nubes cenicientas
ensombreciendo el campo,
las pardas sementeras,
los grises olivares. Por el fondo
del valle el río el agua turbia lleva.
Tiene Cazorla nieve,
y Mágina, tormenta,
su montera, Aznaitín. Hacia Granada,
montes con sol, montes de sol y piedra.

November 1913

Another year gone. The sower casts
seed into the furrowed earth.
Two slow ox teams plow
while ashen clouds pass over,
darkening the field,
the brown planted rows,
the gray olive groves. Along the bottom
of the valley, the river carries muddy water off.
On Cazorla, snow,
Magina is stormy,
Aznaitin covered in clouds. Toward Granada,
sun on the mountains, mountains of sun and stone.

La saeta

¿Quién me presta una escalera
para subir al madero,
para quitarle los clavos
a Jesús el Nazareno?

—saeta popular

¡Oh, la saeta, el cantar
al Cristo de los gitanos,
siempre con sangre en las manos,
siempre por desenclavar!
¡Cantar del pueblo andaluz,
que todas las primaveras
anda pidiendo escaleras
para subir a la cruz!
¡Cantar de la tierra mía,
que echa flores
al Jesús de la agonía,
y es la fe de mis mayores!
¡Oh, no eres tú mi cantar!
¡No puedo cantar, ni quiero
a ese Jesús del madero,
sino al que anduvo en el mar!

The Saeta

Who will loan me a ladder
to climb up the timber
and remove the nails
from Jesus the Nazarene?

–popular saeta

Oh, the saeta, the gypsies'
song to Christ,
blood forever on his hands,
always needing to be unnailed!
Song of the Andalusian people
who each spring
search for ladders
to climb up to the cross!
Song of my land
that scatters flowers
on the dying Jesus
and is the faith of my elders!
You are not my song!
I cannot sing, nor do I want to,
to that Jesus on the timber,
but rather to the one who walked upon the sea!

Del pasado efímero

Este hombre del casino provinciano
que vio a Carancha recibir un día,
tiene mustia la tez, el pelo cano,
ojos velados por melancolía;
bajo el bigote gris, labios de hastío,
y una triste expresión, que no es tristeza,
sino algo más y menos: el vacío
del mundo en la oquedad de su cabeza.
Aún luce de corinto terciopelo
chaqueta y pantalón abotinado,
y un cordobés color de caramelo,
pulido y torneado.
Tres veces heredó; tres ha perdido
al monte su caudal; dos ha enviudado.
Sólo se anima ante el azar prohibido,
sobre el verde tapete reclinado,
o al evocar la tarde de un torero,
la suerte de un tahur, o si alguien cuenta
la hazaña de un gallardo bandolero,
o la proeza de un matón, sangrienta.
Bosteza de política banales
dicterios al gobierno reaccionario,
y augura que vendrán los liberales,
cual torna la cigüeña al campanario.
Un poco labrador, del cielo aguarda
y al cielo teme; alguna vez suspira,
pensando en su olivar, y al cielo mira
con ojo inquieto, si la lluvia tarda.
Lo demás, taciturno, hipocondríaco,
prisionero en la Arcadia del presente,
le aburre; sólo el humo del tabaco
simula algunas sombras en su frente.
Este hombre no es de ayer ni es de mañana,
sino de nunca; de la cepa hispana

Of the Ephemeral Past

This man of the provincial casino
who saw Carancha receive the bull one day
has withered skin, hair turning gray,
eyes veiled by melancholy.
Under his grizzled moustache, bored lips,
a sad expression that is not sadness
but something more and less: the emptiness
of the world in the hollow of his head.
He shines in a violet-red velvet
jacket, buttoned pants,
and a caramel colored broad-rimmed felt hat,
brushed and shaped.
He's had three inheritances; three times he's lost
it all at cards; he's twice a widower.
He comes to life only when leaning
over the green table of illegal gambling,
or when remembering an afternoon's bullfight,
a cardshark's luck, or if someone relates
the exploits of a daring bandit
or the bloody feats of a killer.
He yawns at banal political
dictums to the reactionary government,
and predicts that the liberals will come to power
just like the stork returns to the belfry.
Still somewhat a farmer, he keeps an eye on the sky
and fears its omens; sometimes he sighs,
thinking of his olive grove, and watches the sky
with a worried eye if rain is delayed.
As for the rest, he's bored, taciturn, a hypochondriac,
prisoner in the Arcadia of the present;
only tobacco smoke casts
any shadows on his brow.
This man is not part of yesterday or tomorrow,
but timeless; of Hispanic stock,

no es el fruto maduro ni podrido,
es una fruta vana
de aquella España que pasó y no ha sido,
esa que hoy tiene la cabeza cana.

he is neither the mature fruit nor the rotten,
but the vain fruit
of that Spain gone by that never was,
that today has a head turning gray.

Los olivos

A Manolo Ayuso

I.

¡Viejos olivos sedientos
bajo el claro sol del día,
olivares polvorientos
del campo de Andalucía!
¡El campo andaluz, peinado
por el sol canicular,
de loma en loma rayado
de olivar y de olivar!
Son las tierras
soleadas,
anchas lomas, lueñes sierras
de olivares recamadas!
Mil senderos. Con sus machos,
abrumados de capachos,
van gañanes y arrieros.
¡De la venta del camino
a la puerta, soplan vino
trabucaires bandoleros!
¡Olivares y olivares
de loma en loma prendidos
cual bordados alamares!
¡Olivares coloridos
de una tarde anaranjada;
olivares rebruñidos
bajo la luna argentada!
¡Olivares centellados
en las tardes cenicientas,
bajo los cielos preñados
de tormentas!...
Olivares, Dios os dé

The Olive Trees

to Manolo Ayuso

I.

Parched old olive trees
standing in the full sun,
olive groves powdery with dust
of the Andalusian earth.
Land of Andalusia combed
by hot midsummer sun,
lined from hill to hill
with olive grove and olive grove!
They are sun drenched lands,
broad hills and distant ranges
embroidered with olive groves.
A thousand trails. Farmhands
and teamsters drive their mules
loaded with bulging baskets.
In the doorway
of the roadside inn
armed bandits swig wine.
One olive grove after another
looped from hill to hill
like decorative embroidery!
Olive groves tinted orange
in evening light.
Olive groves burnished
under the silver moon.
Olive groves twinkling
in ashen afternoons
beneath skies pregnant
with storms...
Olive groves,
may God grant you

los eneros
de aguaceros,
los agostos de agua al pie,
los vientos primaverales
vuestras flores racimadas;
y las lluvias otoñales,
vuestras olivas moradas.
Olivar, por cien caminos,
tus olivitas irán
caminando a cien molinos.
Ya darán
trabajo en las alquerías
a gañanes y braceros,
¡oh buenas frentes sombrías
bajo los anchos sombreros!...
¡Olivar y olivareros,
bosque y raza,
campo y plaza
de los fieles al terruño
y al arado y al molino,
de los que muestran el puño
al destino,
los benditos labradores,
los bandidos caballeros,
los señores
devotos y matuteros!...
¡Ciudades y caseríos
en la margen de los ríos,
en los pliegues de la sierra!...
¡Venga Dios a los hogares
y a las almas de esta tierra
de olivares y olivares!

January thunderstorms
and August groundwater at your roots;
spring winds
for your clustered flowers
and autumn rains
for your purple fruit.
Olive groves,
your fruit will move
down a hundred roads
to a hundred mills,
on every farm
bringing work to
workers and hands.
Oh, good faces shadowed
by wide brimmed hats!
Olive groves and olive workers,
forests and family,
country and plaza
of those true to the soil,
the plow and the mill,
holding fists clenched tight
to destiny,
trusted peasants,
lordly bandits,
devout squires
with a taste for smuggling!
Cities and hamlets
on the banks of rivers,
in the folds of the mountains...
God bless the homes,
and the souls of this land
of olive grove and olive grove!

II.

A dos leguas de Úbeda, la Torre
de Pero Gil, bajo este sol de fuego,
triste burgo de España. El coche rueda
entre grises olivos polvorientos.
Allá, el castillo heroico.
En la plaza, mendigos y chicuelos:
una orgía de harapos...
Pasamos frente al atrio del convento
de la Misericordia.
¡Los blancos muros, los cipreses negros!
¡Agria melancolía
como asperón de hierro
que raspa el corazón! ¡Amurallada
piedad, erguida en este basurero!...
Esta casa de Dios, decid, hermanos,
esta casa de Dios, ¿qué guarda dentro?
Y ese pálido joven,
asombrado y atento,
que parece mirarnos con la boca,
será el loco del pueblo,
de quien se dice: es Lucas,
Blas o Ginés, el tonto que tenemos.
Seguimos. Olivares. Los olivos
están en flor. El carricoche lento,
al paso de dos pencos matalones,
camina hacia Peal. Campos ubérrimos.
La tierra da lo suyo; el sol trabaja;
el hombre es para el suelo:
genera, siembra y labra
y su fatiga unce la tierra al cielo.
Nosotros enturbiamos
la fuente de la vida, el sol primero,

II.

Two leagues from Ubeda,
Pero Gil's tower, in this blazing sun
in a dismal Spanish town. The coach
rolls between dusty gray olives.
Over there, the heroic old castle.
Beggars and urchins in the square,
a swarm of rags...
We pass the atrium
of the Convent of Mercy.
White walls, black cypress trees!
Bitter melancholy
like a grindstone
that scrapes the heart. Walled up
piety, towering over this garbage dump!
This house of God, tell me, brothers,
this house of God, what does it contain?
And that pale youth
astonished and attentive,
who seems to gaze at us with his mouth,
must be the village idiot,
of whom they simply say: That's Lukas,
Blas or Ginés—the town fool, you know.
On we go. Olive groves. The trees
are in flower. The coach is slowed
by the gait of two worn-out nags pulling us
toward Peal. So bountiful this countryside.
Earth does its share; the sun toils, too.
The land is where man belongs:
he procreates, sows, tills,
and his toil yokes earth to sky.
We muddy the springs of life,
the pristine sun,

con nuestros ojos tristes,
con nuestro amargo rezo,
con nuestra mano ociosa,
con nuestro pensamiento,
—se engendra en el pecado,
se vive en el dolor. ¡Dios está lejos!—
Esta piedad erguida
sobre este burgo sórdido, sobre este basurero,
esta casa de Dios, decid ¡oh santos
cañones de Von Kluck!, ¿qué guarda dentro?

with our sad eyes,
our bitter prayers,
our idle hands,
our thinking.
Conceived in sin,
we live in pain! God is far away!
This piety that looms
over this sordid village, over this garbage dump,
this house of God—tell us, oh blessed
cannons of Von Kluck: What does it contain?

Llanto de las virtudes y coplas por la muerte de don Guido

Al fin, una pulmonía
mató a don Guido, y están
las campanas todo el día
doblando por él ¡din-dan!

Murió don Guido, un señor
de mozo muy jaranero,
muy galán y algo torero;
de viejo, gran rezador.

Dicen que tuvo un serrallo
este señor de Sevilla;
que era diestro
en manejar el caballo,
y un maestro
en refrescar manzanilla.

Cuando mermó su riqueza,
era su monomanía
pensar que pensar debía
en asentar la cabeza.

Y asentóla
de una manera española,
que fue casarse con una
doncella de gran fortuna;
y repintar sus blasones,
hablar de las tradiciones
de su casa,
a escándalos y amoríos
poner tasa,
sordina a sus desvaríos.

Lament of the Virtues and Verses at the Death of don Guido

In the end, pneumonia
killed don Guido,
and all day the bells
tolled for him. Ding-dong.

Don Guido died a gentleman.
As a young man he lived it up,
a ladies man and fond of bullfights;
when old, he was devoted to prayer.

They say he had a harem,
this gentleman of Seville,
that he was a skilled
equestrian,
and a master
at chilling sherry.

When he ran through his wealth
he became obsessed
with the thought
of settling down.

And he settled
in a Spanish fashion,
marrying a girl with a large fortune,
reburnishing his family crest.
He spoke of the traditions
of his household,
put a lid
on scandals and love affairs,
and turned a deaf ear
to extravagance.

Gran pagano,
se hizo hermano
de una santa cofradía;
el Jueves Santo salía,
llevando un cirio en la mano
—¡aquel trueno!—,
vestido de nazareno.
Hoy nos dice la campana
que han de llevarse mañana
al buen don Guido, muy serio,
camino del cementerio.

Buen don Guido, ya eres ido
y para siempre jamás...
Alguien dirá: ¿Qué dejaste?
Yo pregunto: ¿Qué llevaste
al mundo donde hoy estás?

¿Tu amor a los alamares
y a las sedas y a los oros,
y a la sangre de los toros
y al humo de los altares?

Buen don Guido y equipaje,
¡buen viaje!...
El acá
y el allá,
caballero,
se ve en tu rostro marchito,
lo infinito:
cero, cero.

A great pagan,
he joined the brotherhood
of a religious lodge
and marched on Holy Thursday,
carrying a taper in his hand,
—this former hell-raiser—
dressed like a penitent.
Today the bell tells us
that tomorrow they'll carry
good don Guido, with much dignity,
off to the cemetery.

Good don Guido, you're gone
forever...
Someone will say, "What did you leave?"
But I ask, "What did you take
to the other world where you are today?"

Your love of decoration,
silks and golds,
the blood of bulls,
the incense of altars?

Good don Guido and baggage,
good journey!
This world
and the next,
sir,
can be seen in your withered face,
the infinite:
zero, zero.

¡Oh las enjutas mejillas,
amarillas,
y los párpados de cera,
y la fina calavera
en la almohada del lecho!

¡Oh fin de una aristocracia!
La barba canosa y lacia
sobre el pecho;
metido en tosco sayal,
las yertas manos en cruz,
¡tan formal!
el caballero andaluz.

Oh, the wasted cheeks,
yellow,
and the waxen eyelids.
and the delicate skull
on the bed's pillow!

Oh, end of an aristocracy!
Your white beard
limp on your chest;
dressed in a monk's robe,
your stiff hands crossed,
—such formality!—
an Andalusian gentleman.

La mujer manchega

La Mancha y sus mujeres... Argamasilla, Infantes,
Esquivias, Valdepeñas. La novia de Cervantes,
y del manchego heroico, el ama y la sobrina,
(el patio, la alacena, la cueva y la cocina,
la rueca y la costura, la cuna y la pitanza),
la esposa de don Diego y la mujer de Panza,
la hija del ventero, y tantas como están
bajo la tierra, y tantas que son y que serán
encanto de manchegos y madres de españoles
por tierras de lagares, molinos y arreboles.

Es la mujer manchega garrida y bien plantada,
muy sobre sí doncella, perfecta de casada.

El sol de la caliente llanura vinariega
quemó su piel, mas guarda frescura de bodega
su corazón. Devota, sabe rezar con fe
para que Dios nos libre de cuanto no se ve.
Su obra es la casa—menos celada que en Sevilla,
más gineceo y menos castillo que en Castilla—.
Y es del hogar manchego la musa ordenadora;
alinea los vasares, los lienzos alcanfora;
las cuentas de la plaza anota en su diario,
cuenta garbanzos, cuenta las cuentas del rosario.

¿Hay más? Por estos campos hubo un amor de fuego.
Dos ojos abrasaron un corazón manchego.

¿No tuvo en esta Mancha su cuna Dulcinea?
¿No es el Toboso patria de la mujer idea
del corazón, engendro e imán de corazones,
a quien varón no impregna y aun parirá varones?

The Women of La Mancha

La Mancha and its women...Argamasilla, Infantes,
Esquivias, Valdepeñas. Cervantes' beloved,
and the heroic Manchegan's, the housekeeper and the niece
(the patio, the larder, the cellar and the kitchen),
Don Diego's wife and Sancho Panza's,
the innkeeper's daughter, and so many who are now
beneath the earth, and so many who are still
the delight of Manchegans and mothers of Spaniards
throughout the land of wine presses, windmills,
        and rosy clouds.

The Manchegan woman is attractive and graceful,
a prudent young woman, a perfect wife.

The sun scorching the vineyards,
burned her skin, but her heart keeps the coolness
of the wine cellar. Devout, she knows how to pray with faith
so that God protects us from the unseen.
Her lifework is her house—more open than in Seville,
more plant-filled and less castle-like than Castile.
She's the organizing muse of the home;
she straightens storage shelves, puts camphor in the linens;
lists shopping expenses in her account book,
counts chick peas, and counts her rosary beads.

Is there more? Through these fields passed the fire of love.
Two eyes burned into a Manchegan heart.

Wasn't Dulcinea's cradle in this La Mancha?
Isn't El Toboso homeland of the idealized woman
of the heart, creator and lodestone of hearts,
who, though not impregnated by man, will give birth to sons?

Por esta Mancha—prados, viñedos y molinos—
que so el igual del cielo iguala sus caminos,
de cepas arrugadas en el tostado suelo
y mustios pastos como raído terciopelo;
por este seco llano de sol y lejanía,
en donde el ojo alcanza su pleno mediodía
(un diminuto bando de pájaros puntea
el índigo del cielo sobre la blanca aldea,
y allá se yergue un soto de verdes alamillos,
tras leguas y más leguas de campos amarillos),
por esta tierra, lejos del mar y la montaña,
el ancho reverbero del claro sol de España,
anduvo un pobre hidalgo ciego de amor un día
—amor nublóle el juicio; su corazón veía—.

Y tú, la cerca y lejos, por el inmenso llano
eterna compañera y estrella de Quijano,
lozana labradora fincada en tus terrones
—oh madre de manchegos y numen de visiones—
viviste, buena Aldonza, tu vida verdadera,
cuando tu amante erguía su lanza justiciera,
y en tu casona blanca ahechando el rubio trigo.
Aquel amor de fuego era por ti y contigo.

Mujeres de la Mancha, con el sagrado mote
de Dulcinea, os salve la gloria de Quijote.

Through this La Mancha—meadows, vineyards and windmills—
that under the equable sky makes all roads the same,
of tangled vines on barren earth
and withered pastures like threadbare velvet,
through this dry plain of sun and distance
where the eye reaches its full zenith
(a small flock of birds dart through
the indigo sky over a white hamlet,
and over there rises a grove of green poplars,
across miles and miles of yellow fields),
across this land, far from sea and mountain,
the wide reverberation of the bright sun of Spain,
one day walked a poor knight blind with love,
—love clouded his judgment, but his heart could see.

And you, nearby and distant, across the immense plain,
eternal companion and star of Quixano,
robust country girl settled on your patch of earth,
—oh, mother of Manchegans and inspiration of visions—
you lived, good Aldonza, your true life
when your lover raised his avenging lance,
while you were threshings blond wheat in your big white house.
That fire of love was for you and with you.

Women of La Mancha, with the sacred name
of Dulcinea, you are saved by the glory of Quixote.

El mañana efímero

A *Roberto Castrovido*

La España de charanga y pandereta,
cerrado y sacristía,
devota de Frascuelo y de María,
de espíritu burlón y de alma quieta,
ha de tener su mármol y su día,
su infalible mañana y su poeta.
El vano ayer engendrará un mañana
vacío y ¡por ventura! pasajero.
Será un joven lechuzo y tarambana,
un sayón con hechuras de bolero,
a la moda de Francia realista,
un poco al uso de París pagano,
y al estilo de España especialista
en el vicio al alcance de la mano.
Esa España inferior que ora y bosteza,
vieja y tahúr, zaragatera y triste;
esa España inferior que ora y embiste,
cuando se digna usar de la cabeza,
aún tendrá luengo parto de varones
amantes de sagradas tradiciones
y de sagradas formas y maneras;
florecerán las barbas apostólicas,
y otras calvas en otras calaveras
brillarán, venerables y católicas.
El vano ayer engendrará un mañana
vacío y ¡por ventura! pasajero,
la sombra de un lechuzo tarambana,
de un sayón con hechuras de bolero,
el vacuo ayer dará un mañana huero.
Como la náusea de un borracho ahíto
de vino malo, un rojo sol corona
de heces turbias las cumbres de granito;

The Ephemeral Future

to Roberto Castrovido

The Spain of brass bands and tamborines,
enclosures and sacristy,
devoted to the bullfighter and the Virgin,
of mocking spirit and quiet soul,
must have its monument and its day,
its infallible tomorrow and its poet.
The vain yesterday will engender an empty
and, let's hope, transitory tomorrow.
It will be a chubby and sallow youth,
with a fondness for the bolero,
a current French fashion
a little in the mode of pagan Paris,
but with a Spanish penchant
for the vice closest at hand.
This inferior Spain prays and yawns,
old and a gambler, rowdy and sad.
This inferior Spain prays and charges like a bull
when it bothers to use its head;
it still has a long tradition of men,
lovers of sacred traditions
and of sacred forms and ways;
apostolic beards will flourish,
and bald heads of other skulls
will gleam, venerable and Catholic.
The vain yesterday will engender an empty
and let's hope, transitory tomorrow,
the shadow of a lazy and shallow youth
with a fondness for the bolero.
The hollow past will produce an empty future.
Like the vomit of a man drunk
on cheap wine, a red sun crowns
the granite peaks with murky dregs;

hay un mañana estomagante escrito
en la tarde pragmática y dulzona.
Mas otra España nace,
la España del cincel y de la maza,
con esa eterna juventud que se hace
del pasado macizo de la raza.
Una España implacable y redentora,
España que alborea
con un hacha en la mano vengadora,
España de la rabia y de la idea.

there's a stomach-turning future written
on the pragmatic and cloying afternoon.
But another Spain is being born,
the Spain of the chisel and the mace,
with that eternal youthfulness that comes
from the sturdy past of the race.
An implacable, redemptive Spain,
Spain that dawns
with an ax in her avenging hand,
a Spain of fury and ideas.

Proverbios y cantares

I.

Nunca perseguí la gloria
ni dejar en la memoria
de los hombres mi canción;
yo amo los mundos sutiles,
ingrávidos y gentiles
como pompas de jabón.
Me gusta verlos pintarse
de sol y grana, volar
bajo el cielo azul, temblar
súbitamente y quebrarse.

II.

¿Para qué llamar caminos
a los surcos del azar?...
Todo el que camina anda,
como Jesús, sobre el mar.

III.

A quien nos justifica nuestra desconfianza
llamamos enemigo, ladrón de una esperanza.
Jamás perdona el necio si ve la nuez vacía
que dio a cascar al diente de la sabiduría.

IV.

Nuestras horas son minutos
cuando esperamos saber,
y siglos cuando sabemos
lo que se puede aprender.

Proverbs and Folksongs

I.

I never chased fame,
nor longed to leave my song
behind in the memory of men;
I love subtle worlds,
almost weightless, delicate
as soap bubbles.
I like to see them paint themselves
in the colors of sunlight and float,
scarlet, into the blue sky, then
suddenly tremble and break.

II.

These chance furrows—
why call them roads?
Everyone on a journey walks
like Jesus on the sea.

III.

He who justifies our suspicions
we call an enemy, a thief of hope.
The fool never forgives the sight of the empty shell
that he allowed the tooth of wisdom to crack open.

IV.

Our hours are minutes
when we anticipate knowledge,
and centuries when we know
what it's possible to learn.

V.

Ni vale nada el fruto
cogido sin sazón...
Ni aunque te elogie un bruto
ha de tener razón.

VI.

De lo que llaman los hombres
virtud, justicia y bondad,
una mitad es envidia,
y la otra, no es caridad.

VII.

Yo he visto garras fieras en las pulidas manos;
conozco grajos mélicos y líricos marranos...
El más truhán se lleva la mano al corazón,
y el bruto más espeso se carga de razón.

VIII.

En preguntar lo que sabes
el tiempo no has de perder...
Y a preguntas sin respuesta
¿quién te podrá responder?

IX.

El hombre, a quien el hambre de la rapiña acucia,
de ingénita malicia y natural astucia,
formó la inteligencia y acaparó la tierra.
¡Y aun la verdad proclama! ¡Supremo ardid de guerra!

V.

Fruit is worthless
when picked out of season
Even a fool's praise
won't make it right.

VI.

Of what men call virtue,
justice and kindness,
one half is envy,
and the other isn't charity.

VII.

I've seen wild claws on polished hands;
I've met musical rooks and lyrical hogs...
The most deceitful puts his hand on his heart,
and even the most thick-headed brute can be right.

VIII.

Don't waste your time
asking what you already know...
And who can respond
to questions without answers?

IX.

Man plagued by an appetite for robbery,
by inborn malice and natural craftiness,
developed intelligence and monopolized the earth.
And he even proclaims the truth! Supreme trick of war!

X.

La envidia de la virtud
hizo a Caín criminal.
¡Gloria a Caín! Hoy el vicio
es lo que se envidia más.

XI.

La mano del piadoso nos quita siempre honor;
mas nunca ofende al darnos su mano el lidiador.
Virtud es fortaleza, ser bueno es ser valiente;
escudo, espada y maza llevar bajo la frente,
porque el valor honrado de todas armas viste:
no sólo para, hiere, y más que guarda, embiste.
Que la piqueta arruine, y el látigo flagele;
la fragua ablande el hierro, la lima pula y gaste,
y que el buril burile, y que el cincel cincele,
la espada punce y hienda y el gran martillo aplaste.

XII.

¡Ojos que a la luz se abrieron
un día para, después,
ciegos tornar a la tierra,
hartos de mirar sin ver!

XIII.

Es el mejor de los buenos
quien sabe que en esta vida
todo es cuestión de medida:
un poco más, algo menos...

X.

Envy of virtue
made Cain a criminal.
Glory be to Cain! Today vice
is what is envied most.

XI.

The hand of the pious always steals our honor,
but the fighter never offends when he offers us his hand.
Virtue is a fortress, to be good is to be brave;
carry your shield, sword, and mace beneath your brow:
honorable courage makes use of all its weapons;
it not only halts, wounds, but rather than wait, charges.
Let the ax chop and the whip lash;
let the forge soften iron, the file wear down and polish,
let the burin engrave and the chisel scrape,
the sword puncture and split, and the great hammer smash.

XII.

Eyes opened one day
to the light, only to later
turn back, blind, to the earth,
weary of looking without seeing!

XIII.

The best of the good people
know that in this life
it's all a question of proportion;
a little more, a little less...

XIV.

Virtud es la alegría que alivia el corazón
más grave y desarruga el ceño de Catón.
El bueno es el que guarda, cual venta del camino,
para el sediento el agua, para el borracho el vino.

XV.

Cantad conmigo en coro: Saber, nada sabemos,
de arcano mar vinimos, a ignota mar iremos...
Y entre los dos misterios está el enigma grave;
tres arcas cierra una desconocida llave.
La luz nada ilumina y el sabio nada enseña.
¿Qué dice la palabra? ¿Qué el agua de la peña?

XVI.

El hombre es por natura la bestia paradójica,
un animal absurdo que necesita lógica.
Creó de nada un mundo y, su obra terminada,
"Ya estoy en el secreto," se dijo, "todo es nada."

XVII.

El hombre sólo es rico en hipocresía.
En sus diez mil disfraces para engañar confía;
y con la doble llave que guarda su mansión
para la ajena hace ganzúa de ladrón.

XIV.

Virtue is the joy that lightens the most sober heart
and smooths Cato's furrowed brow.
The good man is the one who stocks, like a roadside inn,
water for the thirsty, wine for the drunk.

XV.

Let us all sing together: know we don't know anything;
We come from an arcane sea and flow into an unknown one...
And between the two mysteries is a serious enigma,
three trunks locked with a missing key.
Light illuminates nothing, the sage has nothing to teach.
What does the word say? Or the water in the rock?

XVI.

Man is by nature a paradoxical beast,
an absurd animal in need of logic.
He created a world out of nothing and when he finished
said, "Now I know the secret: everything is nothing."

XVII.

Man is rich only in hypocrisy;
he relies on his ten thousand disguises to deceive
and uses the double key that protects his house,
to pick his neighbor's lock.

XVIII.

¡Ah, cuando yo era niño
soñaba con los héroes de la Ilíada!
Ayax era más fuerte que Diómedes,
Héctor, más fuerte que Ayax,
y Aquiles el más fuerte; porque era
el más fuerte... ¡Inocencias de la infancia!
¡Ah, cuando yo era niño
soñaba con los héroes de la Ilíada!

XIX.

El casca-nueces-vacías,
Colón de cien vanidades,
vive de supercherías
que vende como verdades.

XX.

¡Teresa, alma de fuego,
Juan de la Cruz, espíritu de llama,
por aquí hay mucho frío, padres, nuestros
corazoncitos de Jesús se apagan!

XXI

Ayer soñé que veía
a Dios y que a Dios hablaba;
y soñé que Dios me oía...
Después soñé que soñaba.

XVIII.

Ah, when I was a boy, I daydreamed
about the heroes of the Iliad!
Ajax was stronger than Diomedes,
Hector stronger than Ajax,
and Achilles the strongest of all; because
he was the strongest!... Innocent boyhood ideas!
Ah, when I was a boy, I daydreamed
about the heroes of the Iliad!

XIX.

The nutcracker of empty shells,
Columbus of a hundred vanities,
lives on tricks
that he peddles as truths.

XX.

Teresa, fiery soul!
St. John of the Cross, flaming spirit!
Fathers, around here it is very cold;
our tiny flowers of Jesus are dying!

XXI.

Last night I dreamed I saw God
and spoke to God;
and I dreamed that God was listening...
Then I dreamed I was dreaming.

XXII.

Cosas de hombres y mujeres,
los amoríos de ayer,
casi los tengo olvidados,
si fueron alguna vez.

XXIII.

No extrañéis, dulces amigos,
que esté mi frente arrugada;
yo vivo en paz con los hombres
y en guerra con mis entrañas.

XXIV.

De diez cabezas, nueve
embisten y una piensa.
Nunca extrañéis que un bruto
se descuerne luchando por la idea.

XXV.

Las abejas de las flores
sacan miel, y melodía
del amor, los ruiseñores;
Dante y yo—perdón, señores—,
trocamos—perdón, Lucia—,
el amor en Teología.

XXII.

Things of men and women,
yesterday's love affairs,
I've almost forgotten them,
if they ever existed.

XXIII.

Don't be surprised, dear friends,
that my forehead is furrowed.
With men I live in peace,
but with my insides I am at war.

XXIV.

Of ten heads, nine
attack and one thinks:
Don't be surprised if a fool
cracks his head open fighting for an idea.

XXV.

Bees extract honey
from the flower, nightingales
capture melody from love;
Dante and I—forgive me, gentlemen—
we change—forgive me, Lucia—
love into theology.

XXVI.

Poned sobre los campos
un carbonero, un sabio y un poeta.
Veréis cómo el poeta admira y calla,
el sabio mira y piensa...
Seguramente, el carbonero busca
las moras o las setas.
Llevadlos al teatro
y sólo el carbonero no bosteza.
Quien prefiere lo vivo a lo pintado
es el hombre que piensa, canta o sueña.
El carbonero tiene
llena de fantasías la cabeza.

XXVII.

¿Dónde está la utilidad
de nuestras utilidades?
Volvamos a la verdad:
vanidad de vanidades.

XXVIII.

Todo hombre tiene dos
batallas que pelear:
en sueños lucha con Dios;
y despierto, con el mar.

XXVI.

Take a coal seller, a scholar,
and a poet out in the fields.
The poet will be silent and full of wonder,
the scholar will look and think...
The coal seller will probably search
for blackberries and mushrooms.
Take them to the theater,
and only the coal seller isn't yawning.
The person who prefers what is alive
to what is artificial
is the man who thinks, sings, or dreams.
The head of the coal seller
is full of fantasies.

XXVII.

How are useful
things useful to us?
Let's return to the truth:
vanity of vanities.

XXVIII.

Every man has two
battles to fight:
in dreams, he struggles with God
and awake, with the sea.

XXIX.

Caminante, son tus huellas
el camino, y nada más;
caminante, no hay camino,
se hace camino al andar.
Al andar se hace camino,
y al volver la vista atrás
se ve la senda que nunca
se ha de volver a pisar.
Caminante, no hay camino,
sino estelas en la mar.

XXX.

El que espera desespera,
dice la voz popular.
¡Qué verdad tan verdadera!

La verdad es lo que es,
y sigue siendo verdad
aunque se piense al revés.

XXXI.

Corazón, ayer sonoro,
¿ya no suena
tu monedilla de oro?
Tu alcancía,
antes que el tiempo la rompa,
¿se irá quedando vacía?
Confiemos
en que no será verdad
nada de lo que sabemos.

XXIX.

Traveler, your footprints
are the only road, nothing else.
Traveler, there is no road;
you make your own road as you walk.
As you walk, you make your own road,
and when you look back
you see the path
you will never travel again.
Traveler, there is no road;
only a ship's wake on the sea.

XXX.

He who hopes, despairs,
the popular saying goes.
It's true as truth!

The truth is always what
it is, and stays the truth
even if one thinks the opposite.

XXXI.

Heart, yesterday sonorous,
doesn't your little
gold coin jingle?
Will your strongbox
be emptied
before time breaks it?
Let's trust that
nothing of what we know
turns out to be really true.

XXXII.

¡Oh fe del meditabundo!
¡Oh fe después del pensar!
Sólo si viene un corazón al mundo
rebosa el vaso humano y se hincha el mar.

XXXIII.

Soñé a Dios como una fragua
de fuego, que ablanda el hierro,
como un forjador de espadas,
como un bruñidor de aceros,
que iba firmando en las hojas
de luz: Libertad.–Imperio.

XXXIV.

Yo amo a Jesús, que nos dijo:
Cielo y tierra pasarán.
Cuando cielo y tierra pasen
mi palabra quedará.
¿Cuál fue, Jesús, tu palabra?
¿Amor? ¿Perdón? ¿Caridad?
Todas tus palabras fueron
una palabra: Velad.

XXXV.

Hay dos modos de conciencia:
una es luz, y otra, paciencia.
Una estriba en alumbrar
un poquito el hondo mar;
otra, en hacer penitencia
con caña o red, y esperar
el pez, como pescador.

XXXII.

Oh, faith of the meditator!
Oh, faith after having thought!
Only when a heart enters the world
does the human vessel overflow and the sea swell.

XXXIII.

I dreamed of God as a fiery forge
that softens iron,
like a forger of swords,
like a polisher of steel,
who went along inscribing on blades
of light: liberty, dominion.

XXXIV.

I love Jesus, who said to us:
Heaven and earth will pass.
When heaven and earth pass,
my word will remain.
Jesus, what was your word?
Love? Forgiveness? Charity?
All your words were
one word: awareness.

XXXV.

Consciousness takes two forms.
One is light, the other patience.
One involves shining some light
into the depths of the sea;
the other on waiting it out,
with a pole or net, waiting for
the fish, like a fisherman.

Dime tú: ¿Cuál es mejor?
¿Conciencia de visionario
que mira en el hondo acuario
peces vivos,
fugitivos,
que no se pueden pescar,
o esa maldita faena
de ir arrojando a la arena,
muertos, los peces del mar?

XXXVI.

Fe empirista. Ni somos ni seremos.
Todo nuestro vivir es emprestado.
Nada trajimos; nada llevaremos.

XXXVII.

¿Dices que nada se crea?
No te importe, con el barro
de la tierra, haz una copa
para que beba tu hermano.

XXXVIII.

¿Dices que nada se crea?
Alfarero, a tus cacharros.
Haz tu copa y no te importe
si no puedes hacer barro.

Tell me, which is better?
The consciousness of the visionary
who watches live fish
in the watery depths,
fugitives
that will never be caught,
or this cursed job
of tossing up on the sand,
dead, the fish of the sea?

XXXVI.

Empirical faith. We neither are nor will be.
All our life is on loan.
We brought nothing; we will take nothing away.

XXXVII.

You say nothing is created?
It doesn't matter; with the clay
of the earth, make a cup
so your brother can drink.

XXXVIII.

You say nothing is created?
Potter, make your pots.
Create a cup and it doesn't matter
that you can't make clay.

XXXIX.

Dicen que el ave divina
trocada en pobre gallina,
por obra de las tijeras
de aquel sabio profesor
(fue Kant un esquilador
de las aves altaneras;
toda su filosofía,
un *sport* de cetrería),
dicen que quiere saltar
las tapias del corralón
y volar
otra vez, hacia Platón.
¡Hurra! ¡Sea!
¡Feliz será quien lo vea!

XL.

Sí, cada uno y todos sobre la tierra iguales:
el ómnibus que arrastran dos pencos matalones,
por el camino, a tumbos, hacia las estaciones,
el ómnibus completo de viajeros banales,
y en medio un hombre mudo, hipocondríaco, austero,
a quien se cuentan cosas y a quien se ofrece vino...
Y allá, cuando se llegue, ¿descenderá un viajero
no más? ¿O habránse todos quedado en el camino?

XLI.

Bueno es saber que los vasos
nos sirven para beber;
lo malo es que no sabemos
para qué sirve la sed.

XXXIX.

They say the divine bird
was changed into a poor hen
by means of the shears
of that wise teacher
(Kant was a shearer
of arrogant birds;
all of his philosophy,
a sport of falconry).
They say that the bird wants to leap
the fence of the corral
and fly
again, toward Plato.
Hurrah! May it be so!
Happy will be he who sees it!

XL.

Yes, each and every one on earth is equal:
the coach pulled by two skinny nags
bouncing along the road toward the stations,
the coach full of banal travelers,
and among them a silent man, a hypochondriac, austere.
People tell him things and offer him wine...
And there, when they arrive, will only one traveler get off?
Or will they all have stayed behind along the road?

XLI.

It is good to know that glasses
are to drink from;
the bad thing is that we don't know
what thirst is for.

XLII.

¿Dices que nada se pierde?
Si esta copa de cristal
se me rompe, nunca en ella
beberé, nunca jamás.

XLIII

Dices que nada se pierde
y acaso dices verdad;
pero todo lo perdemos
y todo nos perderá.

XLIV

Todo pasa y todo queda,
pero lo nuestro es pasar,
pasar haciendo caminos,
caminos sobre la mar.

XLV

Morir... ¿Caer como gota
de mar en el mar inmenso?
¿O ser lo que nunca he sido:
uno, sin sombra y sin sueño,
un solitario que avanza
sin camino y sin espejo?

XLII.

You say that nothing gets lost?
If I break this crystal glass
I will never drink from it,
never again.

XLIII.

You say that nothing gets lost,
and perhaps what you say is true;
but we lose everything
and everything will lose us.

XLIV.

All things pass and all things remain,
but our task is to pass through,
to pass through making roads,
roads out over the sea.

XLV.

To die... To fall like a drop
of sea into the immense sea?
Or to be what I've never been:
one, without shadow or dream,
a man walking alone,
with no road and no mirror?

XLVI.

Anoche soñé que oía
a Dios, gritándome: ¡Alerta!
Luego era Dios quien dormía,
y yo gritaba: ¡Despierta!

XLVII.

Cuatro cosas tiene el hombre
que no sirven en la mar:
ancla, gobernalle y remos,
y miedo de naufragar.

XLVIII.

Mirando mi calavera
un nuevo Hamlet dirá:
He aquí un lindo fósil de una
careta de carnaval.

XLIX.

Ya noto, al paso que me torno viejo,
que en el inmenso espejo,
donde orgulloso me miraba un día,
era el azoque lo que yo ponía.
Al espejo del fondo de mi casa
una mano fatal
va rayendo el azogue, y todo pasa
por él como la luz por el cristal.

XLVI.

Last night I dreamed I heard
God shout to me: Watch out!
Later it was God who was sleeping,
and I screamed back: Wake up!

XLVII.

Man has four things
that are no good at sea:
anchor, rudder, oars,
and the fear of going down.

XLVIII.

Looking at my skull
a new Hamlet will say:
here is a nice fossil
of a carnival mask.

XLIX.

I notice, in passing, that I'm growing old,
that the immense mirror
where I gazed so proudly one day
holds a quicksilver image of myself.
In the mirror in the depths of my house,
Fate's hand
scratches the quicksilver away, and everything passes
through it like light through glass.

L.

Nuestro español bosteza.
¿Es hambre? ¿Sueño? ¿Hastío?
Doctor, ¿tendrá el estómago vacío?
"El vacío es más bien en la cabeza."

LI.

Luz del alma, luz divina,
faro, antorcha, estrella, sol...
Un hombre a tientas camina;
lleva a la espalda un farol.

LII.

Discutiendo están dos mozos
si a la fiesta del lugar
irán por la carretera
o a campo traviesa irán.
Discutiendo y disputando
empiezan a pelear.
Ya con las trancas de pino
furiosos golpes se dan;
ya se tiran de las barbas
que se las quieren pelar.
Ha pasado un carretero
que va cantando un cantar:
"Romero, para ir a Roma,
lo que importa es caminar;
a Roma por todas partes,
por todas partes se va."

L.

Our Spaniard yawns.
Is it from hunger? Sleepiness? Boredom?
Doctor, could it be an empty stomach?
"The emptiness is, rather, in his head."

LI.

Light of the soul, divine light,
beacon, torch, star, sun...
A man gropes his way along
carrying a lamp on his back.

LII.

Two young men are discussing
whether they'll go to the village festival
by going along the highway
or cutting across the fields.
Arguing and squabbling,
they start to fight.
Now they are hitting each other
furiously with pine sticks,
now they're yanking on each other's beards,
trying to rip them out.
A cart driver has gone by
singing a song:
"Pilgrim, to get to Rome,
what matters is to walk;
you can get to Rome by any road,
any road will take you there."

LIII.

Ya hay un español que quiere
vivir y a vivir empieza,
entre una España que muere
y otra España que bosteza.
Españolito que vienes
al mundo, te guarde Dios.
Una de las dos Españas
ha de helarte el corazón.

LIII.

Now there is a Spaniard who wants
to live and is beginning to live
between a Spain that is dying
and another Spain that is yawning.
May God keep you, little Spaniard,
just now born into the world.
One of these two Spains
will freeze your heart.

Parábolas

I.

Era un niño que soñaba
un caballo de cartón.
Abrió los ojos el niño
y el caballito no vio.
Con un caballito blanco
el niño volvió a soñar;
y por la crin lo cogía...
¡Ahora no te escaparás!
Apenas lo hubo cogido,
el niño se despertó.
Tenía el puño cerrado.
¡El caballito voló!
Quedóse el niño muy serio
pensando que no es verdad
un caballito soñado.
Y ya no volvió a soñar.
Pero el niño se hizo mozo
y el mozo tuvo un amor,
y a su amada le decía:
¿Tú eres de verdad o no?
Cuando el mozo se hizo viejo
pensaba: todo es soñar,
el caballito soñado
y el caballo de verdad.
Y cuando vino la muerte,
el viejo a su corazón
preguntaba: ¿Tú eres sueño?
¡Quien sabe si despertó!

Parables

I.

A child was dreaming
of a cardboard horse.
But when he opened his eyes
he didn't see the horse.
Again the child dreamed,
this time of a little white horse,
and he grabbed him by the mane...
Now you won't get away!
Just as he caught it
the child woke up.
His fist was clenched,
but the horse was gone.
The child became very serious,
thinking there is no truth
in a horse you dream of,
and he didn't dream again.
But the child became a young man
and the young man fell in love,
and asked his beloved
"Are you real?"
When the man grew old,
he thought: "It's all a dream,
the dream horse
and the real horse."
And when death approached
the old man asked
his heart: "Are you a dream?"
Who knows if he woke up!

II.

A D. Vicente Ciurana

Sobre la limpia arena, en el tartesio llano
por donde acaba España y sigue el mar,
hay dos hombres que apoyan la cabeza en la mano;
uno duerme, y el otro parece meditar.
El uno, en la mañana de tibia primavera,
junto a la mar tranquila,
ha puesto entre sus ojos y el mar que reverbera,
los párpados, que borran el mar en la pupila.
Y se ha dormido, y sueña con el pastor Proteo,
que sabe los rebaños del marino guardar;
y sueña que le llaman las hijas de Nereo,
y ha oído a los caballos de Poseidón hablar.
El otro mira al agua. Su pensamiento flota;
hijo del mar, navega—o se pone a volar.
Su pensamiento tiene un vuelo de gaviota
que ha visto un pez de plata en el agua saltar.
Y piensa: "Es esta vida una ilusión marina
de un pescador que un día ya no puede pescar."
El soñador ha visto que el mar se le ilumina,
y sueña que es la muerte una ilusión del mar.

III.

Érase de un marinero
que hizo un jardín junto al mar,
y se metió a jardinero.
Estaba el jardín en flor,
y el jardinero se fue
por esos mares de Dios.

II.

to Don Vicente Ciurana

On the Tartessos plain, on the clean white sand
where Spain ends and the sea continues on,
two men are sitting, head in hand,
one asleep, the other lost in thought.
The first, on a mild spring morning
beside a tranquil sea,
drops his eyelids between his eyes and the shimmering sea,
to close the sea out of his eyes.
Falling asleep he dreams of Proteus, the shepherd,
herder of the sea god's flock;
he dreams he hears the Nereids' voices calling
and hears the words Poseidon's horses speak.
The other watches the water. Born of the sea,
his thoughts drift, sailing or floating aloft,
then plummet like the plunging gull
that sees the silver flash of a fish below.
Life, he thinks, is no more real than the ocean
to a fisherman when his fishing days are over.
The dreamer has seen the illuminated sea
and dreams that death is its illusion.

III.

There once was a sailor
who decided to become a gardener
and created a garden by the sea.
Once the garden was in flower
the gardener went away,
sailing the seas of God.

257

IV.

Consejos

Sabe esperar, aguarda que la marea fluya,
—así en la costa un barco—sin que al partir te inquiete.
Todo el que aguarda sabe que la victoria es suya;
porque la vida es larga y el arte es un juguete.
Y si la vida es corta
y no llega la mar a tu galera,
aguarda sin partir y siempre espera,
que el arte es largo y, además, no importa.

V.

Profesión de fe

Dios no es el mar, está en el mar; riela
como luna en el agua, o aparece
como una blanca vela;
en el mar se despierta o se adormece.
Creó la mar, y nace
de la mar cual la nube y la tormenta;
es el Criador y la criatura lo hace;
su aliento es alma, y por el alma alienta.
Yo he de hacerte, mi Dios, cual tú me hiciste,
y para darte el alma que me diste
en mí te he de crear. Que el puro río
de caridad que fluye eternamente,
fluya en mi corazón. ¡Seca, Dios mío,
de una fe sin amor la turbia fuente!

IV.

Advice

Learn to wait for the turning tide,
—like a beached boat—don't worry about setting off.
The one who waits will be rewarded;
life is long and art a toy.
And if life is short
and the sea never reaches your boat,
wait, don't go, keep hoping,
for art is long and besides, it doesn't matter.

V.

Profession Of Faith

God is not the sea, he is of the sea,
glittering like the moon on water, or appearing
like a white sail;
waking or falling asleep in the sea.
Creator of the sea and born
of the sea like clouds and storms,
he is the Creator and his creature makes him;
his breath is spirit and by spirit he breathes.
I am your will, my lord, as you made me,
and to give you the soul you have given me,
I will recreate you within me. May the pure river
of loving-kindness that flows eternally
flow in my heart. Lord, dry up
the muddy spring of unloving faith.

VI.

El Dios que todos llevamos,
el Dios que todos hacemos,
el Dios que todos buscamos
y que nunca encontraremos.
Tres dioses o tres personas
del solo Dios verdadero.

VII.

Dice la razón: Busquemos
la verdad.
Y el corazón: Vanidad.
La verdad ya la tenemos.
La razón: ¡Ay, quién alcanza
la verdad!
El corazón: Vanidad.
La verdad es la esperanza.
Dice la razón: Tú mientes.
Y contesta el corazón:
Quien miente eres tú, razón,
que dices lo que no sientes.
La razón: Jamás podremos
entendernos, corazón.
El corazón: Lo veremos.

VI.

The God everyone carries within,
the God we all invent,
the God we all seek
and will never find.
Three gods or three personas
of the one true God.

VII.

Reason says: Let's
seek the truth.
Heart: Nonsense.
We already have the truth.
Reason: Alas, who ever
finds the truth!
Heart: Nonsense.
Truth is hope.
Reason says: You lie.
And Heart answers:
Reason, you're the liar,
saying things you don't believe.
Reason: We'll never
understand each other, Heart.
Heart says: We'll see.

VIII.

Cabeza meditadora,
¡qué lejos se oye el zumbido
de la abeja libadora!

Echaste un velo de sombra
sobre el bello mundo, y vas
creyendo ver, porque mides
la sombra con un compás.

Mientras la abeja fabrica,
melifica,
con jugo de campo y sol,
yo voy echando verdades
que nada son, vanidades
al fondo de mi crisol.
De la mar al percepto,
del percepto al concepto,
del concepto a la idea
—¡oh, la linda tarea!—,
de la idea a la mar.
¡Y otra vez a empezar!

VIII.

Head, lost in thought,
in the distance you hear
the buzz of a sipping bee!

You've drawn a shadowy veil
over the beautiful world, and you go on
believing you see: you're measuring
the shadow with a compass.

While the bee creates,
making honey
from the sap of fields and sun,
I go on pitching truths,
that are nothing, useless things
into the bottom of my crucible.
From sea to perception,
from perception to conception,
from conception to idea,
—Oh what a delightful game!—
from idea to sea.
And then we begin again!

Mi bufón

El demonio de mis sueños
ríe con sus labios rojos,
sus negros y vivos ojos,
sus dientes finos, pequeños.
Y jovial y picaresco
se lanza a un baile grotesco,
luciendo el cuerpo deforme
y su enorme
joroba. Es feo y barbudo,
y chiquitín y panzudo.
Yo no sé por qué razón,
de mi tragedia bufón,
te ríes... Mas tú eres vivo
por tu danzar sin motivo.

My Jester

The demon of my dreams
laughs with his red lips,
his shrewd black eyes,
and tiny chiseled teeth.
Jolly and roguish
he launches into a bizarre dance
displaying his deformed body
and his enormous hump.
He is ugly, bearded,
big-bellied, and short.
I don't know why
you laugh at my comic tragedy.
But you show you're alive,
by dancing without reason.

ELOGIOS
PRAISES

A don Francisco Giner de los Ríos

Como se fue el maestro,
la luz de esta mañana
me dijo: Van tres días
que mi hermano Francisco no trabaja.
¿Murió?...Sólo sabemos
que se nos fue por una senda clara,
diciéndonos: Hacedme
un duelo de labores y esperanzas.
Sed buenos y no más, sed lo que he sido
entre vosotros: alma.
Vivid, la vida sigue,
los muertos mueren y las sombras pasan;
lleva quien deja y vive el que ha vivido.
¡Yunques, sonad; enmudeced, campanas!

Y hacia otra luz más pura
partió el hermano de la luz del alba,
del sol de los talleres,
el viejo alegre de la vida santa.
...Oh, sí, llevad, amigos,
su cuerpo a la montaña,
a los azules montes
del ancho Guadarrama.
Allí hay barrancos hondos
de pinos verdes donde el viento canta.
Su corazón repose
bajo una encina casta,
en tierra de tomillos, donde juegan
mariposas doradas...
Allí el maestro un día
soñaba un nuevo florecer de España.

Baeza, 21 febrero, 1915

To Don Francisco Giner de los Ríos

When our teacher disappeared,
this morning's light
told me: my brother Francisco
hasn't been at work for three days.
Has he died? We can say only
that he left us a clear path,
telling us: Mourn me
with your work and in your hopes.
Be good, that's enough; be what I have been
among you: a soul.
Live, life goes on;
the dead go on dying, shadows pass by;
he who has lived, lives on, enriched by what he gives.
Anvils sound! Stay silent, bells!

Toward another, purer light
he went, this brother of dawn,
of sunlight in the workplace,
this joyful and holy man.
...Oh, yes friends, carry
his body to the mountains
to the blue peaks
of broad Guadarrama.
There in the deep ravines
where wind sings through green pines.
his heart can rest
under a plain oak,
in fields of wild thyme
where golden butterflies play...
There, the master dreamed that one day
Spain would blossom again.

—Baeza February 21, 1915

Al joven meditador José Ortega y Gasset

A ti laurel y yedra
corónente, dilecto
de Sofía, arquitecto.
Cincel, martillo y piedra
y masones te sirvan; las montañas
de Guadarrama frío
te brinden el azul de sus entrañas,
meditador de otro Escorial sombrió.
Y que Felipe austero,
al borde de su regia sepultura,
asome a ver la nueva arquitectura,
y bendiga la prole de Lutero.

To José Ortega y Gasset, the Young Thinker

To you the laurel and ivy
crown, beloved
of Sofia, architect.
Chisel, hammer, stone,
and masons to serve you; may
Guadarrama's cold peaks
offer you their deepest blue
as you contemplate another somber Escorial.
And may the austere Philip
appear beside his royal grave
to show off the new architecture
and bless the offspring of Luther.

A Xavier Valcarce

...En el intermedio de la primavera.

Valcarce, dulce amigo, si tuviera
la voz que tuve antaño, cantaría
el intermedio de tu primavera
—porque aprendiz he sido de ruiseñor un día—,
y el rumor de tu huerto—entre las flores
el agua oculta corre, pasa y suena
por acequias, regatos y atanores—,
y el inquieto bullir de tu colmena,
y esa doliente juventud que tiene
ardores de faunalias,
y que pisando viene
la huella a mis sandalias.

Mas hoy...¿será porque el enigma grave
me tentó en la desierta galería,
y abrí con una diminuta llave
el ventanal del fondo que da a la mar sombría?
¿Será porque se ha ido
quien asentó mis pasos en la tierra,
y en este nuevo ejido
sin rubia mies, la soledad me aterra?

No sé, Valcarce, mas cantar no puedo;
se ha dormido la voz en mi garganta,
y tiene el corazón un salmo quedo.
Ya sólo reza el corazón, no canta.

Mas hoy, Valcarce, como un fraile viejo
puedo hacer confesión, que es dar consejo.

To Xavier Valcarce

...In the interlude of the spring.

Valcarce, gentle friend, if I had
the voice I used to have, I'd sing
the interlude of your spring
—I was once the apprentice of a nightingale—
and the sounds of your garden—among the flowers
hidden water flows, pools, and trickles
through channels, ditches and streams—
and the restless buzzing of your hive,
and the painful youth with his
passion for animal fables
who comes along, stepping,
into the footprint of my sandals.

But today...could it be because a grave mystery
tempted me in the deserted gallery,
and with a tiny key I opened
the big rear window that looks out on the somber sea?
Could it be because the one who
set my feet on the earth has gone,
and in this new field
without blond ripe grain, solitude terrifies me?

I don't know, Valcarce, but I'm unable to sing;
my voice has gone to sleep in my throat,
and my heart fills with a quiet psalm.
Now my heart only prays; it doesn't sing.

But today, Valcarce, like an old priest
I can make a confession, which is to give advice.

En este día claro, en que descansa
tu carne de quimeras y amoríos
—así en amplio silencio se remansa
el agua bullidora de los ríos—,
no guardes en tu cofre la galana
veste dominical, el limpio traje,
para llenar de lágrimas mañana
la mustia seda y el marchito encaje,
sino viste, Valcarce, dulce amigo,
gala de fiesta para andar contigo.

Y cíñete la espada rutilante,
y lleva tu armadura,
el peto de diamante
debajo de la blanca vestidura.

¡Quién sabe! Acaso tu domingo sea
la jornada guerrera y laboriosa,
el día del Señor, que no reposa,
el claro día en que el Señor pelea.

On this bright day, when your flesh
rests from quarrels and love affairs
—thus in ample silence the bubbling
water of rivers forms pools—
don't keep your handsome Sunday suit,
the clean outfit, put away in your chest,
just so you can weep tomorrow
into musty silk and mildewed lace,
but rather, get dressed, Valcarce, sweet friend,
put on your party clothes and go out walking alone.

And buckle on your gleaming sword,
and wear your armor,
the diamond breastplate
under your white vestment.

Who knows! Perhaps your Sunday may be
a warlike and laborious day,
the day of the Lord who does not rest,
the bright day on which the Lord fights.

Mariposa de la sierra

A Juan Ramón Jiménez por su libro Platero y yo

¿No eres tú, mariposa,
el alma de estas sierras solitarias,
de sus barrancos hondos,
y de sus cumbres agrias?
Para que tú nacieras,
con su varita mágica
a las tormentas de la piedra, un día,
mandó callar un hada,
y encadenó los montes,
para que tú volaras.
Anaranjada y negra,
morenita y dorada,
mariposa montés, sobre el romero
plegadas las alillas o, voltarias,
jugando con el sol, o sobre un rayo
de sol crucificadas.
¡Mariposa montés y campesina,
mariposa serrana,
nadie ha pintado tu color; tú vives
tu color y tus alas
en el aire, en el sol, sobre el romero,
tan libre, tan salada!...
Que Juan Ramón Jiménez
pulse por ti su lira franciscana.

Sierra de Cazorla, 28 mayo 1915

Butterfly of the Sierra

To Juan Ramón Jiménez for his book Platero and I

Aren't you, butterfly,
the soul of these solitary mountains,
of their deep ravines,
and their harsh peaks?
So you could be born,
with your little magic wand,
to the torments of stone one day,
a fairy ordered silence
and linked the mountains
so you could fly.
Orange and black,
dark and golden,
mountain butterfly, your little wings
folded or open on the rosemary,
playing with the sun or on a ray
of sunlight crucified.
Butterfly of mountain and countryside,
butterfly of the sierras,
no one has painted your color; you live
your color and your wings
in the air, in the sun, on the rosemary,
so free, so lively!...
May Juan Ramón Jiménez
strum his Franciscan lyre for you.

Sierra de Cazorla, May 28, 1915

Desde mi rincón

Elogios

Al libro Castilla, *del maestro "Azorín,"*
con motivo del mismo.

Con este libro de melancolía,
toda Castilla a mi rincón me llega;
Castilla la gentil y la bravía,
la parda y la manchega.
¡Castilla, España de los largos ríos
que el mar no ha visto y corre hacia los mares;
Castilla de los páramos sombríos,
Castilla de los negros encinares!
Labriegos transmarinos y pastores
trashumantes—arados y merinos—,
labriegos con talante de señores,
pastores de color de los caminos.
Castilla de grisientos peñascales,
pelados serrijones,
barbechos y trigales,
malezas y cambrones.
Castilla azafranada y polvorienta,
sin montes, de arreboles purpurinos,
Castilla visionaria y soñolienta
de llanuras, viñedos y molinos.
Castilla—hidalgos de semblante enjuto,
rudos jaques y orondos bodegueros—,
Castilla—trajinantes y arrieros
de ojos inquietos, de mirar astuto—,
mendigos rezadores,
y frailes pordioseros,
boteros, tejedores,
arcadores, perailes, chicarreros,
lechuzos y rufianes,
fulleros y truhanes,
caciques y tahures y logreros.

From My Corner

Praises

In celebration of the book Castile *by the master "Azorin,"*
with this praise

With this melancholy book,
all of Castile reaches my corner;
Castile gentle and fierce,
dark and Manchegan.
Castile, Spain of long rivers
the sea has not seen but that run toward the sea;
Castile of sombre high plains,
Castile of black oak groves!
Transmarine field workers and nomadic shepherds,
—ploughs and sheep—
field workers with the air of masters,
shepherds the color of the roads.
Castile of craggy gray peaks,
bare ridges,
fallow fields and fields of wheat,
brambles and buckthorn.
Castile of saffron and dust,
mountainless, with reddish purple clouds,
Castile of visionary and sleepy
pastures, vineyards and windmills.
Castile—gentlemen of gaunt appearance,
crude braggarts and smug tavern keepers,
Castile—travelers and mule drivers
with restless eyes, sharp gaze—
praying beggars
and begging priests,
leather workers, weavers,
wool beaters and carders, kazoo makers,
debt collectors and pimps,
card sharks and scoundrels,
bosses, gamblers, and lenders.

¡Oh, venta de los montes!—Fuencebada,
Fonfría, Oncala, Manzanal, Robledo—.
¡Mesón de los caminos y posada
de Esquivias, Salas, Almazán, Olmedo!
La ciudad diminuta y la campana
de las monjas que tañe, cristalina...
¡Oh, dueña doñeguil tan de mañana
y amor de Juan Ruiz a doña Endrina!
Las comadres—Gerarda y Celestina—.
Los amantes—Fernando y Dorotea—.
¡Oh casa, oh huerto, oh sala silenciosa!
¡Oh divino vasar en donde posa
sus dulces ojos verdes Melibea!
¡Oh jardín de cipreses y rosales,
donde Calisto ensimismado piensa,
que tornan con las nubes inmortales
las mismas olas de la mar inmensa!
¡Y este hoy que mira a ayer; y este mañana
que nacerá tan viejo!
¡Y esta esperanza vana
de romper el encanto del espejo!
¡Y esta agua amarga de la fuente ignota!
¡Y este filtrar la gran hipocondría
de España siglo a siglo y gota a gota!
¡Y este alma de *Azorín*... y este alma mía
que está viendo pasar, bajo la frente,
de una España la inmensa galería,
cual pasa del ahogado en la agonía
todo su ayer, vertiginosamente!
Basta. *Azorín*, yo creo
en el alma sutil de tu Castilla,
y en esa maravilla
de tu hombre triste del balcón, que veo
siempre añorar, la mano en la mejilla.

Oh mountain inn!—Fuencebada,
Fonfría, Oncala, Manzanal, Robledo—.
Roadside inns and hostels
of Esquivias, Salas, Almazán, Olmedo!
Small city and the bell
the nuns ring out, crystal clear.
Oh, madam Doñeguil of the morning
and the love of Juan Ruiz for doña Endrina!
The old crones—Gerarda and Celestina—
the lovers—Fernando and Dorotea—.
Oh house, oh garden, oh silent room!
Oh divine vase on which rest
the sweet green eyes of Melibea!
Oh garden of cypresses and rose bushes,
where Calisto contemplates, sunk in thought,
how the immortal clouds move
the very waves of the immense sea!
This today that looks back at yesterday; and this tomorrow
that will be born so old!
This vain hope
of breaking the enchantment of the mirror!
This bitter water from the unknown spring!
And this distillation of the great hypochondria,
· of Spain, century by century and drop by drop!
This soul of *Azorín*...and this soul of mine
that watches parading past, right in front of me,
Spain's immense gallery,
like a hanged man while dying
sees his life whirl past him!
Enough. *Azorín*, I believe
in the subtle soul of your Castile,
and in that marvel
of your sad man on a balcony; I see him
always yearning, chin propped on his hand.

Contra el gesto del persa, que azotaba
la mar con su cadena;
contra la flecha que el tahur tiraba
al cielo, creo en la palabra buena.
Desde un pueblo que ayuna y se divierte,
ora y eructa, desde un pueblo impío
que juega al mus, de espaldas a la muerte,
creo en la libertad y en la esperanza,
y en una fe que nace
cuando se busca a Dios y no se alcanza,
y en el Dios que se lleva y que se hace.

Envío

¡Oh, tú, *Azorín*, que de la mar de Ulises
viniste al ancho llano
en donde el gran Quijote, el buen Quijano,
soñó con Esplandianes y Amadises;
buen *Azorín*, por adopción manchego,
que guardas tu alma ibera,
tu corazón de fuego
bajo el recio almidón de tu pechera
—un poco libertario
de cara a la doctrina,
¡admirable *Azorín*, el reaccionario
por asco de la greña jacobina!—;
pero tranquilo, varonil—la espada
ceñida a la cintura
y con santo rencor acicalada—,
sereno en el umbral de tu aventura!
¡Oh, tú, *Azorín*, escucha: España quiere
surgir, brotar, toda una España empieza!
¿Y ha de helarse en la España que se muere?

Contrary to the gesture of the Persian who lashed
at the sea with his chain,
unlike the gambler's arrow shot into
the sky, I believe in the good word.
Amid a nation of people who fast and play,
pray and belch, amid an unpious people
who gamble, turning their backs on death,
I believe in liberty and hope
and in a faith which is born
in a search for God and is unachieved,
and in the God you make for yourself and carry within.

Message

Oh, you, *Azorín*, who from Ulysses' sea
came to the wide plain
where the great Quixote, the good Quixano,
dreamed of Esplandian and Amadis;
good *Azorín*, Manchegan by adoption,
you keep your Iberian soul,
your firey heart
under your stiff starched shirt
—a little libertarian
when it comes to doctrine,
admirable *Azorín*, reactionary,
out of disgust with the Jacobin rabble
but calm, manly—your sword
girded at your waist,
burnished with your saintly fury—
calm on the threshold of your adventure!
Oh, *Azorín*, listen: Spain wants to
surge forth, burst, a whole new Spain begins!
Or will we freeze up in the Spain that is dying?

¿Ha de ahogarse en la España que bosteza?
Para salvar la nueva epifanía
hay que acudir, ya es hora,
con el hacha y el fuego al nuevo día.
Oye cantar los gallos de la aurora.

Baeza, 1913

Or suffocate in the Spain that yawns?
To save the new epiphany
we must gather, it's time,
to greet the new day with hatchet and fire.
Listen to the cocks crow at dawn.

Baeza, 1913

Una España joven

...Fue un tiempo de mentira, de infamia. A España toda,
la malherida España, de Carnaval vestida
nos la pusieron, pobre y escuálida y beoda,
para que no acertara la mano con la herida.

Fue ayer; éramos casi adolescentes; era
con tiempo malo, encinta de lúgubres presagios,
cuando montar quisimos en pelo una quimera,
mientras la mar dormía ahíta de naufragios.

Dejamos en el puerto la sórdida galera,
y en una nave de oro nos plugo navegar
hacia los altos mares, sin aguardar ribera,
lanzando velas y anclas y gobernalle al mar.

Ya entonces, por el fondo de nuestro sueño—herencia
de un siglo que vencido sin gloria se alejaba—
un alba entrar quería; con nuestra turbulencia
la luz de las divinas ideas batallaba.

Mas cada cual el rumbo siguió de su locura;
agilitó su brazo, acreditó su brío;
dejó como un espejo bruñida su armadura
y dijo: "El hoy es malo, pero el mañana...es mío."

Y es hoy aquel mañana de ayer... Y España toda,
con sucios oropeles de Carnaval vestida
aún la tenemos: pobre y escuálida y beoda;
mas hoy de un vino malo: la sangre de su herida.

Tú, juventud más joven, si de más alta cumbre
la voluntad te llega, irás a tu aventura
despierta y transparente a la divina lumbre,
como el diamante clara, como el diamante pura.

1914

A Young Spain

It was a time of lies and infamy. All Spain,
our badly wounded Spain, they'd decked out
in carnival trappings, poor, shabby, and drunk,
so her hand would not touch the open wound.

It was yesterday; we were almost adolescents,
times were bad, pregnant with grim omens.
We wished to ride a fantasy bareback,
while shipwrecks rotted in the sleeping sea.

We left the squalid galley in the harbor,
choosing instead to steer a golden ship,
forsaking shore for the open seas,
casting away anchor, rudder, and sails.

And then dawn tried to enter the depths
of our sleep—inheritance of a century slipping away
without glory—the light of divine ideas
was battling with our confusion.

Yet each followed his own course of madness,
limbering his arms, his spirit aroused,
leaving his armor polished like a mirror,
and saying, "Today is bad, but tomorrow is mine!"

And today is that yesterday's tomorrow. And all Spain
still dressed in grimy carnival trappings:
and, like then, still poor, shabby, and drunk,
but now on bad wine: blood from her wound.

You, our country's youth, if you have the will
to aim for a higher peak, will set forth on your adventure,
awake and transparent to the divine light,
like the clear diamond, like the pure diamond.

1914

287

España, en paz

En mi rincón moruno, mientras repiquetea
el agua de la siembra bendita en los cristales,
yo pienso en la lejana Europa que pelea,
el fiero Norte, envuelto en lluvias otoñales.

Donde combaten galos, ingleses y teutones,
allá, en la vieja Flandes y en una tarde fría,
sobre jinetes, carros, infantes y cañones
pondrá la lluvia el velo de su melancolía.

Envolverá la niebla el rojo expoliario
—sordina gris al férreo claror del campamento—,
las brumas de la Mancha caerán como un sudario
de la flamenca duna sobre el fangal sangriento.

Un César ha ordenado las tropas de Germania
contra el francés avaro y el triste moscovita,
y osó hostigar la rubia pantera de Britania.
Medio planeta en armas contra el teutón milita.

¡Señor! La guerra es mala y bárbara; la guerra,
odiada por las madres, las almas entigrece;
mientras la guerra pasa, ¿quién sembrará la tierra?
¿Quién segará la espiga que junio amarillece?

Albión acecha y caza las quillas en los mares;
Germania arruina templos, moradas y talleres;
la guerra pone un soplo de hielo en los hogares,
y el hambre en los caminos, y el llanto en las mujeres.

Es bárbara la guerra y torpe y regresiva;
¿por qué otra vez a Europa esta sangrienta racha
que siega el alma y esta locura acometiva?
¿Por qué otra vez el hombre de sangre se emborracha?

Spain, At Peace

In my dark corner, while the rain
of the blessed season clatters a little on the panes,
I think of distant Europe that fights,
the fierce North wrapped in autumn rains.

Where French, English and Germans struggle,
there, in old Flanders, on a cold afternoon,
over cavalry, carts, infantrymen, and cannons,
rain will cast its melancholy veil.

Fog will wrap red flames in gray,
muting the steely drabness of the camp—
the mists of La Mancha will fall like a shroud
from the Flemish dune over the bloody bog.

A Caesar ordered the Germanic troops
against the greedy Frenchman and sad Muscovite
and dared to defy the blond panther of Britannia.
Half the planet has taken arms against the Teutons.

Lord! War is evil and barbaric; war,
hated by mothers, turns souls into wild beasts.
In times of war, who will sow the earth?
Who will reap the wheat turning yellow in June?

Albion lies in wait and chases after keels on the seas,
Germania ruins temples, dwellings and workshops;
the war breathes its icy breath into homes,
hunger onto the roads, and grief into women.

War is barbaric, stupid and regressive;
why again is Europe in this bloody, soul-shattering
plague, this aggressive madness?
Why yet again does man get drunk on blood?

La guerra nos devuelve las podres y las pestes
del Ultramar cristiano: el vértigo de horrores
que trajo Atila a Europa con sus feroces huestes;
las hordas mercenarias, los púnicos rencores;
la guerra nos devuelve los muertos milenarios
de cíclopes, centauros, Heracles y Teseos;
la guerra resucita los sueños cavernarios
del hombre con peludos mammuthes giganteos.

¿Y bien? El mundo en guerra y en paz España sola.
¡Salud, oh buen Quijano! Por si este gesto es tuyo,
yo te saludo. ¡Salve! Salud, paz española,
si no eres paz cobarde, sino desdén y orgullo.

Si eres desdén y orgullo, valor de ti, si bruñes
en esa paz, valiente, la enmohecida espada,
para tenerla limpia, sin tacha, cuando empuñes
el arma de tu vieja panoplia arrinconada;
si pules y acicalas tus hierros para, un día,
vestir de luz, y erguida: *heme aquí, pues, España,*
en alma y cuerpo, toda, para una guerra mía,
heme aquí, pues, vestida para la propia hazaña,
decir, para que diga quien oiga: *es voz no es eco,*
el buen manchego habla palabras de cordura;
parece que el hidalgo amojamado y seco
entró en razón, y tiene espada a la cintura;
entonces, paz de España, yo te saludo.
                                    Si eres
vergüenza humana de esos rencores cabezudos
con que se matan miles de avaros mercaderes,
sobre la madre tierra que los parió desnudos;
si sabes como Europa entera se anegaba
en una paz sin alma, en un afán sin vida,
y que una calentura cruel la aniquilaba,

War returns us to the putrefaction and the plagues
of the Christian overseas; the vertigo of horrors
that Attila brought to Europe with his ferocious troops;
the mercenary hordes, the Punic resentments;
war thrusts upon us the millenarian dead
of cyclops, centaurs, Hercules and Theseuses;
war resuscitates the stone age dreams
of man with gigantic woolly mammoths.

And so? The world at war and only Spain at peace.
Hail, oh good Quixano! If this is your accomplishment
I salute you. Hail! To your health, Spanish peace,
if you are not a cowardly peace, but rather scorn and pride.

If you are scorn and pride, power to you, if you polish
the musty sword bravely in this peace,
keep it clean, unstained, when you take up
the weapon of your old abandoned panoply.
If you polish and spruce up your swords so that one day,
you may dress in light, and stand proud: *Here I am, then, Spain,*
in body and soul, complete, for my war,
here I am, then, dressed for my own heroic feats,
declaring so anyone hearing will say: *That's a voice, not an echo,*
the good Manchegan speaks words of wisdom,
it seems that the batty old dried-up knight
has recovered his sanity, and buckled on his sword;
then, peace of Spain, I hail you.
                              If you are
the human shame of those pigheaded resentments
for which thousands of greedy merchants kill each other
upon this mother earth that gave birth to them naked;
if you know how all Europe was flooded by
a peace without soul, in a lifeless frenzy,
and that the cruel disease destroying it

que es hoy la fiebre de esta pelea fratricida;
si sabes que esos pueblos arrojan sus riquezas
al mar y al fuego—todos—para sentirse hermanos
un día ante el divino altar de la pobreza,
gabachos y tudescos, latinos y britanos,
entonces, paz de España, también yo te saludo,
y a ti, la España fuerte, si, en esta paz bendita,
en tu desdeño esculpes, como sobre un escudo,
dos ojos que avizoran y un ceño que medita.

Baeza, 10 de noviembre de 1914

is today the fever of this fratricidal fight;
if you know that all those countries heave their riches
into sea and flames to feel one day that they
are brothers before the divine altar of poverty,
French and German, Latins and Britains,
then, peace of Spain, I will also hail you,
and you, strong Spain, yes, in this blessed peace,
in your pride you sculpt, as on a shield,
two eyes that gaze out and a mind that meditates.

Baeza, November 10, 1914

Esta leyenda en sabio romance campesino,
ni arcaico ni moderno, por Valle-Inclán escrita,
revela en los halagos de un viento vespertino,
la santa flor de alma que nunca se marchita.

Es la leyenda campo y campo. Un peregrino
que vuelve solitario de la sagrada tierra
donde Jesús morara, camina sin camino,
entre los agrios montes de la galaica sierra.

Hilando silenciosa, la rueca a la cintura,
Adega, en cuyos ojos la llama azul fulgura
de la piedad humilde, en el romero ha visto,

al declinar la tarde, la pálida figura,
la frente gloriosa de luz y la amargura
de amor que tuvo un día el SALVADOR DOM.CRISTO.

This legend in wise peasant language,
neither archaic nor modern, written by Valle-Inclán,
reveals in the praise of an evening wind
the sainted soul flower that never withers.

The legend is of farm and field. A pilgrim
returning alone from the sacred earth
where Jesus dwelt, walks without a road
among the bitter hills of the Galician mountain range.

Silently spining flax, the distaff on her belt,
Adega, in whose eyes blazes the blue flame
of humble piety, has seen in the rosemary

as the afternoon waned the pale figure,
the glorious presence of light and the bitterness
of love one day displayed by Our Savior, Christ.

Al maestro Rubén Darío

Este noble poeta, que ha escuchado
los ecos de la tarde y los violines
del otoño en Verlaine, y que ha cortado
las rosas de Ronsard en los jardines
de Francia, hoy, peregrino
de un Ultramar de Sol, nos trae el oro
de su verbo divino.
¡Salterios del loor vibran en coro!
La nave bien guarnida,
con fuerte casco y acerada prora,
de viento y luz la blanca vela henchida
surca, pronta a arribar, la mar sonora.
Y yo le grito: ¡Salve! a la bandera
flamígera que tiene
esta hermosa galera,
que de una nueva España a España viene.

1904

To the Master Poet Rubén Darío

This noble poet, who has listened
to the echoes of evening and the violins
of autumn in Verlaine, and who has gathered
Ronsard's roses in the gardens
of France, today, wandering
in the sunshine overseas, brings us the gold
of his divine word.
Psalters of praise resound in chorus!
The ship, well furnished
with strong hull and steel prow,
its white sail swollen with wind and light,
furrows the resonant sea, soon to arrive in port.
And I shout: Hail! to the blazing flag
of this handsome galley,
that comes to Spain from a new Spain.

A la muerte de Rubén Darío

Si era toda en tu verso la armonía del mundo,
¿dónde fuiste, Darío, la armonía a buscar?
Jardinero de Hesperia, ruiseñor de los mares,
corazón asombrado de la música astral,
¿te ha llevado Dionysos de su mano al infierno
y con las nuevas rosas triunfante volverás?
¿Te han herido buscando la soñada Florida,
la fuente de la eterna juventud, capitán?
Que en esta lengua madre la clara historia quede;
corazones de todas las Españas, llorad.
Rubén Darío ha muerto en sus tierras de Oro,
esta nueva nos vino atravesando el mar.
Pongamos, españoles, en un severo mármol,
su nombre, flauta y lira, y una inscripción no más:
nadie esta lira pulse, si no es el mismo Apolo,
nadie esta flauta suene, si no es el mismo Pan.

1916

298

On the Death of Rubén Darío

If all the harmony of the world was in your poems
Darío, where did you go to seek that harmony?
Gardener of Hesperia, nightingale of the seas,
your heart amazed by the astral music,
has Dionysius led you by the hand into Hell
and will you return victorious with budding roses?
Have you been wounded seeking Florida's dream,
the fountain of eternal youth, Captain?
May this clear story stay in its mother tongue;
hearts of all the Spanish countries, weep!
Rubén Darío has died in his land of gold;
this news reached us from across the sea.
Let us carve, Spaniards, in hard marble
his name, a flute and lyre, and just this inscription:
"Let no one strum this lyre except Apollo,
let no one blow this flute except Pan himself."

A Narciso Alonso Cortés, poeta de Castilla

−Jam senior, sed cruda deo viridisque senectus.

VIRGILIO, Eneida

Tus versos me han llegado a este rincón manchego,
regio presente en arcas de rica taracea,
que guardan, entre ramos de castellano espliego,
narcisos de Citeres y lirios de Judea.

En tu árbol viejo anida un canto adolescente,
del ruiseñor de antaño la dulce melodía.
Poeta, que declaras arrugas en tu frente,
tu musa es la más noble: se llama Todavía.

Al corazón del hombre con red sutil envuelve
el tiempo, como niebla de río una arboleda.
¡No mires: todo pasa; olvida: nada vuelve!
Y el corazón del hombre se angustia...¡Nada queda!

El tiempo rompe el hierro y gasta los marfiles.
Con limas y barrenas, buriles y tenazas,
el tiempo lanza obreros a trabajar febriles,
enanos con punzones y cíclopes con mazas.

El tiempo lame y roe y pule y mancha y muerde;
socava el alto muro, la piedra agujerea;
apaga la mejilla y abrasa la hoja verde;
sobre las frentes cava los surcos de la idea.

Pero el poeta afronta el tiempo inexorable,
como David al fiero gigante filisteo;
de su armadura busca la pieza vulnerable,
y quiere obrar la hazaña a que no osó Teseo.

To Narciso Alonso Cortés, poet of Castile

—Jam senior, sed cruda deo viridisque senectus.
—Virgil, Aeneid

Your verses have reached me in this Manchegan corner,
a regal present in richly inlaid chests
holding, between sprigs of Castilian lavender,
narcissus from Citeres and lilies from Judea.

In your old tree nests an adolescent song,
the sweet melody of the nightingale of old.
Poet, as your wrinkled brow declares,
yours is the most noble muse: her name is Evermore.

Time wraps the heart of man with a subtle net
like the river wraps the grove of trees with mist.
Don't look: everything moves on; forget: nothing returns!
And man's heart is anguished. Nothing remains!

Time breaks iron and wears away ivory
with files and drills, chisels and tongs,
time launches workers into frenzied effort,
dwarves with awls and cyclops with hammers.

Time licks and digs and polishes and stains and bites,
undermines the high wall, tunnels through stone,
blanches the cheek and singes the green leaf;
on brows, it chisels the furrows of an idea.

But the poet confronts inexorable time
like David challenging the fierce Philistine giant,
seeking the vulnerable part of his armor,
wanting to complete the feat Theseus didn't dare attempt.

Vencer al tiempo quiere. ¡Al tiempo! ¡Hay un seguro
donde afincar la lucha? ¿Quién lanzará el venablo
que cace esa alimaña? ¡Se sabe de un conjuro
que ahuyente ese enemigo, como la cruz al diablo?

El alma. El alma vence—¡la pobre cenicienta,
que en este siglo vano, cruel, empedernido,
por esos mundos vaga escuálida y hambrienta!—
al ángel de la muerte y al agua del olvido.

Su fortaleza opone al tiempo, como el puente
al ímpetu del río sus pétreos tajamares;
bajo ella el tiempo lleva bramando su torrente,
sus aguas cenagosas huyendo hacia los mares.

Poeta, el alma sólo es ancla en la ribera,
dardo cruel y doble escudo adamantino;
y en el diciembre helado, rosal de primavera;
y sol del caminante y sombra del camino.

Poeta, que declaras arrugas en tu frente,
tu noble verso sea más joven cada día;
que en tu árbol viejo suene el canto adolescente,
del ruiseñor eterno la dulce melodía.

Venta de Cárdenas, 24 octubre

He wants to conquer time. Time itself! Is there secure
ground on which to base the fight? Who will shoot the dart
that will kill that vermin? Does anyone know a spell
to scare away that enemy, like the cross does the devil?

The soul. The soul conquers—the poor drudge
who in this selfish, cruel, unfeeling world
wanders from place to place scrawny and hungry—
the angel of death and the water of oblivion.

Its strength opposes time, like the stone bridge
divides the water, standing firm against the river's thrust;
under it, the torrent of time roars by,
its muddy waters racing toward the sea.

Poet, only the soul is an anchor on the riverbank,
cruel dart and double adamantine shield;
and in December ice, spring roses
and traveler's sun and road's shade.

Poet, you admit to the wrinkles on your brow;
may your noble verse be younger each day
may your adolescent song ring out in your old tree,
the sweet melody of the eternal nightingale.

Venta de Cárdenas, October 24

Mis poetas

El primero es Gonzalo de Berceo llamado,
Gonzalo de Berceo poeta y peregrino,
que yendo en romería acaeció en un prado,
y a quien los sabios pintan copiando un pergamino.

Trovó a Santo Domingo, trovó a Santa María,
y a San Millán, y a San Lorenzo y Santa Oria,
y dijo: mi dictado non es de juglaría;
escrito lo tenemos; es verdadera historia.

Su verso es dulce y grave: monótonas hileras
de chopos invernales en donde nada brilla;
renglones como surcos en pardas sementeras,
y lejos, las montañas azules de Castilla.

Él nos cuenta el repaire del romero cansado;
leyendo en santorales y libros de oración,
copiando historias viejas, nos dice su dictado,
mientras le sale afuera la luz del corazón.

My Poets

The first is named Gonzalo de Berceo,
Gonzalo de Berceo, pilgrim and poet,
who on a pilgrimage came upon a meadow;
sages paint him copying a manuscript.

He sang the praises of Saints Domingo and Mary,
Saints Millan, Lorenzo, and Oria.
And he said: My gift is not buffonery;
what I've written is true history.

His verse is sweet and serious, monotonous rows
of winter poplars where nothing shines;
his lines are furrows full of dark sown seeds,
and far off, the blue mountains of Castile.

He explains where the weary pilgrims rest,
reading the lives of saints and their prayer books;
copying the old tales, he tells us in his own words,
while his heart's light emerges into the air.

A don Miguel de Unamuno

Por su libro Vida de Don Quijote y Sancho

Este donquijotesco
don Miguel de Unamuno, fuerte vasco,
lleva el arnés grotesco
y el irrisorio casco
del buen manchego. Don Miguel camina,
jinete de quimérica montura,
metiendo espuela de oro a su locura,
sin miedo de la lengua que malsina.

A un pueblo de arrieros,
lechuzos y tahures y logreros
dicta lecciones de Caballería.
Y el alma desalmada de su raza,
que bajo el golpe de su férrea maza
aún duerme, puede que despierte un día.

Quiere enseñar el ceño de la duda,
antes de que cabalgue, al caballero;
cual nuevo Hamlet, a mirar desnuda
cerca del corazón la hoja de acero.

Tiene el aliento de una estirpe fuerte
que soñó más allá de sus hogares,
y que el oro buscó tras de los mares.
El señala la gloria tras la muerte.
Quiere ser fundador, y dice: Creo;
Dios y adelante el ánima española...
Y es tan bueno y mejor que fue Loyola:
sabe a Jesús y escupe al fariseo.

To Don Miguel De Unamuno

For his book Life of Don Quixote and Sancho

Don Miguel de Unamuno,
this quixotic strong Basque,
wears the grotesque armor
and the ridiculous helmet
of the good man of La Mancha. Don Miguel rides on,
horseman of chimerical mount,
kicking spurs of gold into his madness,
without fear of maligning tongues.

To a group of mule drivers,
bill collectors, gamblers and profiteers,
he gives lessons in chivalry.
And perhaps the merciless soul of their race,
which still sleeps, will awaken one day
under the blow of his iron mace.

He wants to teach the frown of doubt
to the gentlemen before he rides;
like a new Hamlet, seeing the naked
steel blade near his heart.

He has the breath of a strong race
who dreamed beyond their homes
and sought gold across the seas.
He signals the glory after death.
He wants to be a founder and says: I believe;
praise God and onward with the Spanish spirit...
And he is as good and better than Loyola was:
like Jesus he spits on the Pharisee.

A Juan Ramón Jiménez

Por su libro Arias tristes

Era una noche del mes
de mayo, azul y serena.
Sobre el agudo ciprés
brillaba la luna llena,

iluminando la fuente
en donde el agua surtía
sollozando intermitente.
Sólo la fuente se oía.

Después, se escuchó el acento
de un oculto ruiseñor.
Quebró una racha de viento
la curva del surtidor.

Y una dulce melodía
vagó por todo el jardín:
entre los mirtos tañía
un músico su violín.

Era un acorde lamento
de juventud y de amor
para la luna y el viento,
el agua y el ruiseñor.

"El jardín tiene una fuente
y la fuente una quimera..."
Cantaba una voz doliente,
alma de la primavera.

To Juan Ramón Jiménez

For his book Sad Arias

It was a May night,
blue and serene.
Above the pointed cypress
the full moon was shining,

illuminating the fountain
where spouting water
sobbed intermittently.
Only the fountain could be heard.

Later the voice
of a hidden nightingale was heard.
A gust of wind broke
the fountain's arc.

And a sweet melody
drifted through the garden;
a musician played his violin
among the myrtle.

It was a lament
of youth and love
for moon and wind,
water and nightingale.

"The garden has a fountain
and the fountain a chimera..."
A grieving voice was singing,
soul of spring.

Calló la voz y el violín
apagó su melodía.
Quedó la melancolía
vagando por el jardín.
Sólo la fuente se oía.

The voice stopped and the violin
ceased its melody.
The melancholy remained
drifting through the garden.
Only the fountain could be heard.

ENDNOTES

The assumption is made that the reader is familiar with standard classical references, and with the basic geography of Spain. The references explained here are primarily to Spanish culture, and to Machado's personal life.

Page 27. "Portrait"
Jacobin blood is a reference to Machado's father and grandfather, who were reformist liberals.
Pierre de Ronsard (1524-1585) was a French poet famous for his classical odes and alexandrines.

Page 31. "Along the Banks of the Duero River"
In the 12th century epic poem, *El cantar de mío Cid*, Rodrigo Díaz de Vivar, the Cid (the leader), is banished from Castile by King Alfonso VI. The Cid succeeds in taking Valencia from the Moors and generously gives it to Alfonso.

Page 59. "Is That You, Guadarrama, Old Friend"
The Balsain Road leads to a beautiful forested valley on the northern slope of the Guadarrama mountains near Segovia.

Page 73. "Autumn Dawn"
Julio Romero Torres (1880-1930) of Córdoba was a painter of Andalusian landscapes.

Page 75. "By Train"
Ponferrada is a town in León, in northwestern Spain, near Galicia.

Page 83. "The Landscape of Soria"
Moncayo is a mountain range near Aragon, east of Soria.
"Clear Soria, headland of Extremadura" is the motto on Soria's

coat of arms.

San Polo is a church and San Saturio a hermitage, both on the east bank of the Duero River near Soria.

Numantian refers to Numancia, a town in ruins just north of Soria, razed by the Romans in 133 B.C.

Page 97. "The Land of Alvargonzález"

Berlanga is a town just southwest of Soria. Salduero and Covalonga are northwest of Soria. Machado and his friends traveled through here on their way to the headwaters of the Duero River, and the Black Lagoon.

Page 153. "Memories"

Urbión and Moncayo are mountain ranges in the province of Soria, near Aragon.

Page 157. "To the Great Azorín, for his book *Castile*"

Azorín was the pen-name of José Martínez Ruiz (1873-1967), a novelist and essayist and member of the Spanish Generation of 1898 who wrote extensively (in *Castile*, 1912, and elsewhere) of the Castilian landscape, his nostalgic connection to the land, and his preoccupation with time.

Page 169. "To José María Palacio"

Palacio was a journalist and newspaper editor who was a close friend of Machado's during his time in Soria. He married a cousin of Machado's wife Leonor.

Page 175. "One Day's Poem"

Machado regarded French philosopher Henri Bergson's (1859-1941) *The Immediate Data of Consciousness* (1889) as a text that deeply influenced his thought.

Miguel de Unamuno (1864-1936) was a Spanish philosopher and writer, author of many works, including *The Tragic Sense of Life* (1913) where he argued that "to believe in God is in a certain sense to create Him."

Immanuel Kant (1724–1804) was a German philosopher for whom the existence of God was a matter of faith.

Page 189. "November 1913"
The source of the Guadalquivir River is in the Cazorla mountain range. Mágina and Aznaitín are peaks in this range.

Page 193. "Of the Ephemeral Past"
Carancha, or Cara-Ancha, was the bullring name of José Sánchez del Campo. A well-known Andalusian bullfighter of the 1880s, he revived the difficult move of "receiving the bull," i.e., allowing the bull to impale itself on the sword rather than thrusting the sword toward it.

Page 197. "The Olive Trees"
Manuel Hilario "Manolo" Ayuso, a lawyer and writer, was a close friend of Machado's in Madrid and Soria.
General Alexander Von Kluck (1846-1934) was a German general in World War I.
Ubeda, Pero Gil's tower, and Peal are located along the Guadalquivir River near Baeza.

Page 209. "The Women of La Mancha"
Machado is reflecting on La Mancha, the area of Spain Miguel de Cervantes described as home to Don Quixote in the novel of that name.
Argamasilla, Infantes and Valdeponte are towns in the Manchegan province of Ciudad Real, and Esquivias is north of there, in Toledo.
Don Diego's wife, and Sancho Panza's, are characters in *Don Quixote*. Aldonza Lorenzo is a peasant girl Don Quixote imagines to be Dulcinea del Toboso, an idealized lady. Alonso Quijano (or Quixano) is one of several possible names of Don Quixote, before he went mad from reading tales of chivalry.

Page 217. "Proverbs and Folksongs"
Marcus Portius Cato (234-149 B.C.) was a Roman soldier and statesman critical of moral laxity.

Saint Teresa of Avila (1515-82) and Saint John of the Cross (1542-97) were famous mystics and writers.

Page 247. "Parables"
The Tartessos plain is at the mouth of the Guadalquivir River. Tartessos was a Phoenician settlement, and may be the Biblical Tarshish.

Proteus is a mythic Greek sea god who watched over the herds of Poseidon, the god of the sea.

The Nereids are sea nymphs, attendants of Poseidon.

Page 259. "To don Francisco Giner de los Ríos"
Giner de los Ríos (1840-1915) was a well-known teacher and founder of the famous school, the Institución Libre de Enseñanza in Madrid.

261. "To the Young Thinker José Ortega y Gasset
Ortega y Gasset (1883-1955) was a university professor of Metaphysics, essayist and commentator, a prolific and popular writer, much admired by Machado.

The Escorial is a remarkable structure located on the slope of Guadarrama. Consisting of monastery, church, royal mausoleum, palace, college, library, and art galleries, it is considered by the Spanish to be one of the wonders of the world. It was begun in 1563 by order of King Philip II (1527-1598). A devout Catholic who was merciless in the suppression of the "Lutheran heresy," he succeeded in exterminating Protestantism in Spain.

Page 263. "A Xavier Valcarce"
Machado was very fond of the poems of journalist and poet Valcarce, who died in 1918.

Page 267. "Butterfly of the Sierra"
The poet Juan Ramón Jiménez (1881–1958) was a good friend of Machado's, and Machado admired his *Platero and I* (1914) and many other books. Machado refers here and elsewhere to Juan Ramón Jiménez' mystical poetry as Franciscan in tone.

Page 269. "From My Corner"
Spanish village names and the names of characters are drawn from famous works of literature. Juan Ruiz, the 14th century archpriest of Hita, wrote in *The Book of Good Love* of the seduction of doña Endrina with the aid of a go-between. Gerarda and Celestina are the go-betweens who facilitated the love affairs of Fernando and Dorotea (in Lope de Vega's *La Dorotea)* and Calisto y Melibea (in Fernando de Rojas' La Celestina), respectively. In *Don Quixote,* "Quijano" became "Quixote" after reading chivalric novels like *Amadís de Gaula,* which featured Esplandián.

Page 285. "This Legend in Wise Peasant Language"
This is a tribute by Machado to the writer Ramón del Valle Inclán (1866–1936) and his novel, *Flower of Saintliness* (Madrid, 1904) and its refined, stylized language.

Page 288. "To the Master Rubén Darío"
The Nicaraguan poet Rubén Darío (1867–1916) was very important to Machado. Darío's *Prosas profanas* (1896) and other collections brought French meter and poetic currents, including symbolism, into Spanish, and familiarized readers with the poetry of Verlaine and Ronsard.

Page 291. "To Narciso Alonso Cortés"
Narciso Alonso Cortés (1875-1972) was a Valladolid poet, essayist, and literary historian Machado admired.
The epigraph from the *Aeneid* reads "Old now—but old age in the gods is green" (Virgil, *The Aeneid*, translated by Robert Fitzgerald. London: Harvill Press, 1984, p. 170.
Citeres is an alternate name of Venus (Aphrodite).

Page 295. "My Poets"

Gonzalo de Berceo (c. 1198–1264) was a priest at the Benedictine monastery of San Millán de la Cogolla in La Rioja who wrote in verse of the lives of saints. Brief quotations from Berceo are included in Machado's poem of tribute.

Page 297. "To don Miguel de Unamuno"

Machado compares Miguel de Unamuno (1864–1936) whose book, *The Life of Don Quixote and Sancho* (1905) Machado reviewed, and Don Quixote in their idealism and individualism. Machado admires Unamuno for putting Spain first, thus "better than Loyola." Iñigo de Oñez y Loyola (1491–1556) was the Spanish soldier and priest who founded the Jesuit order and was made a saint in 1622.

Page 299. "To Juan Ramón Jiménez"

Machado reviewed Jiménez' *Sad Arias* (1903). The quotation (lines 21–22) is from the poem "Nocturnos" in this book that Machado celebrates here.

SELECTED OTHER TRANSLATIONS
OF ANTONIO MACHADO INTO ENGLISH

Barnstone, Willis. *Border of a Dream: Selected Poems of Antonio Machado.* Port Townsend, WA: Copper Canyon Press, 2004.

Belitt, Ben. *Juan de Mairena; Epigrams, Maxims, Memoranda, and Memoirs of an Apocryphal Professor, with an Appendix of Poems from the Apocryphal Songbooks.* Berkeley: University of California Press, 1963.

Bly, Robert. *Times Alone: Selected Poems of Antonio Machado.* Middletown, CT: Wesleyan University Press, 1983.

Burns, Paul and Salvador Ortiz-Carboneres. *Antonio Machado: Lands of Castile and Other Poems.* Warminster, England: Aris and Phillips, 2002.

Craige, Betty Jean. *Selected Poems of Antonio Machado.* Baton Rouge: Louisiana State University Press, 1978.

Predmore, Richard L. *Antonio Machado. Solitudes, Galleries, and Other Poems.* Durham N.C.: Duke University Press, 1987.

Tomlinson, Charles and Henry Gifford. *Castilian Ilexes; Versions from Antonio Machado (1875-1939).* London: Oxford University Press, 1963.

Trueblood, Alan S. *Antonio Machado: Selected Poems.* Cambridge, MA: Harvard University Press, 1982.

Waters, Ivor. *Sunlight and Scarlet: Selected Poems by Antonio Machado.* Chepstow, England: Moss Rose Press, 1990.

The Translators

Mary G. Berg's most recent translation from Spanish is *There Is No Road: Proverbs by Antonio Machado*, co-translated by Dennis Maloney and with an introduction by Thomas Moore. Other recent translations from the Spanish include the novels *I've Forgotten Your Name* by Martha Rivera (Dominican Republic), *River of Sorrows* by Libertad Demitrópulos (Argentina), and *Ximena at the Crossroads* by Laura Riesco (Peru), as well as stories, women's travel accounts, literarty criticism, and collections of poetry, most recently poems by Carlota Caulfield and *Starry Night* by Marjorie Agosín (Chile). She teaches at Harvard Extension and is a Scholar at the Women's Studies Research Center at Brandeis University, where she writes about Latin American writers, including Clorinda Matto de Turner, Juana Manuela Gorriti, Soledad Acosta de Samper, and contemporary Cubans. She lives in Cambridge, Massachusetts.

Dennis Maloney is a poet, translator, and landscape architect. His recent translations from Spanish include *There Is No Road: Proverbs by Antonio Machado* (with Mary G. Berg), *The House in the Sand by Pablo Neruda* (with Clark Zlotchew), and *The Stones of Chile* by Pablo Neruda. His translations from Japanese include *Dusk Lingers: Haiku of Issa* and *Tangled Hair: Love Poems of Yosano Akiko*, both co-translated by Hide Oshiro. He co-translated *Strong Winds at Mishi Pass* by Korean poet Tong-Gyu Hwang with Seong Kon Kim. Several volumes of his own poems have also been published, and he has edited numerous volumes, most recently *With Eyes and Soul: Images of Chile*, poems by Nancy Morejon and photographs by Milton Rogovin. The founding editor of White Pine Press, he lives in Buffalo, New York.